LONG YUAN REN YU

龙源人语

李学英／著

■辽宁大学出版社

ⓒ李学英　　2008
图书在版 编目（CIP）数据

龙源人语/李学英著．－沈阳：辽宁大学出版社，
2008.12
ISBN 978-7-5610-5717-9

Ⅰ．龙…　Ⅱ．李…　Ⅲ．图腾-文化-研究-中国　Ⅳ．
B933

中国版本图书馆CIP数据核字（2008）第203593号

出 版 者：辽宁大学出版社
　　　　　（地址：沈阳市皇姑区崇山中路66号　　邮政编码：110036）
印 刷 者：辽宁省印刷技术研究所
发 行 者：辽宁大学出版社
幅面尺寸：147mm×230mm
印　　张：7.75
字　　数：150千字
印　　数：3000册
出版时间：2008年12第1版
印刷时间：2008年12月第1次印刷
责任编辑：贾海英
封面设计：小　可
版式设计：小　可
责任校对：李　海

书　　号：ISBN 978-7-5610-5717-9
定　　价：40.00元

联系电话：024-86864613
邮购热线：024-86830665
网　　址：http：∥press．lnu．edu．cn
电子邮件：lnupress@vip．163．com

穿透时空的解读 （自序）

在写作"龙源系列"第一本书《笔走龙源》的时候，我写了一篇自序，题目是《时空坐标上的注视》。在那里面我曾写到：

"当把视野调整到整个宇宙那么大的时候，我发现一切都非常渺小，宇宙其实很空旷；当把视野调整到一块石子或一片花瓣大小的时候，则感到世界竟无比广大，而且奥妙无穷。我想，如果能够亲眼观察基本粒子，肯定会更为奇妙——我没有这方面的条件，因此也就没有更多地去想。

"长期从事地方史志工作，使得我常把人类的历史设想成一个绵延不断的文化长廊；搞起文学创作之后，我又觉得那长廊里有无数的连台大戏在不停地上演着……

"这些奇异的想法，使我整天处于寻寻觅觅之中。后来我发现，一切精神的和物质的存在，都是时空坐标上的一个点或一条线段，并且都蕴含着一定的时空价值。于是，我对一切有独特性的东西产生了兴趣。这便是我写这本书的一个原因。"

我还曾写到：

"对每一个特定的人来说，不管他条件多么好、本事多么大，他也只能在时间上占一段儿，在空间上占一块儿。我当然也不例外。但是，我赶上的'这一段儿'和'这一块儿'，竟是如此的美妙而神奇，这是我的幸运。我想，我应该充分利用它。这是我写这本书的第二个原因。"

第三个原因是从本土作家的社会地理历史责任角度说的:

"我认为,作家的责任就是发现美和表现美。在我这里,美的概念是被泛化了的,它可包括一切有意义和能引起人们兴趣的东西与现象,尤其是能使人愉悦的东西。爱美之心,人皆有之。现在弥漫全世界的旅游热,就是人们对美的追寻促成的。于是我又有一个想法,如果各地的作家,都把自己所能'抓'到的美充分反映出来,这对美的共享该会提供多少方便!"

按照上述想法,我对我所在的这个地方,对于"把中华文明史提前一千年"的这片神奇的土地,把它郑重地放在时空的坐标上,进行了认真的审视,并以走马观花的方式写了出来。但是,那本《笔走龙源》,只是对中华民族龙文化的源头——大凌河流域的一种时空走笔,只是对一些文物古迹的地理性和历史性的初步介绍,受体例和篇幅的限制,当时不可能就深层问题进行充分的挖掘。所以,当时我就计划要找机会做一下深层次的文章。

现在,三年的时间过去了,我尽自己的所能,仔细走访实地考察了系统的古迹所在地,在枯燥与荒寒中发现它们竟无限美好。

在大凌河这架竖琴的伴奏下,古人类在繁衍,红山女神在微笑,慕容氏在追逐,有秦开、曹操、文宣帝、唐太宗的脚步匆匆掠过;尹湛纳希在用笔歌唱,还有民族英雄赵尚志的精魂在激荡;更有古朴的青铜,精湛的砖雕;有村庄的炊烟,有城池的宁静,有长城的固守。整个朝阳大地就像一个大舞台,供各个时期的人物尽情舞蹈。

以人为本，山川承载万物，人类传承精神。地，也是承载，深深浅浅的脚印就是大地上的文字。宫殿、民居、乐器、人物……大地上所有的一切都是大地的音符，每天都在奏响一种音乐，或激越，或平和。

我们还可以想象大地是一个人，河流是血脉，草木是毛发，泉湖是脸面，山脉是骨骼，空气是呼吸，那么这个人，一定有她的童年故事，有悲欢离合，有跌宕起伏，有喜怒哀乐，一个大大的人。世间人是有定数的，地亦有定数，火山的爆发，地壳的变迁就是大地的一辈子。

就是这样一块大地生我养我，尽管她是贫瘠的、黄褐色的，她的泉水就像风干了的老妇人的乳房，我却依旧地生长在她的中间，该识字的时候识字，该读书的时候读书，我在她暖暖的怀抱里茁壮成长。在她的怀里仰视她，慈爱从头到脚笼罩着，永无止歇。大地是我的母亲，我亦是大地的宝贝，因为是母亲所以我尊重，因为是宝贝所以她宠爱。于是我固守本土就有了理由，是本土和母亲给了我创作的灵感。

美好如此，面对如此的美好，"草木有本心，何求美人折"是一种安静和固守，同时也有等待的意味，我把它改成"草木有本心，更需美人折"的热爱，而任何等待都会出现至少一种结果。面对母亲，我需要她说话，她默不作声时我需要替她说话，方式是我写。主动地为其想事做事，在《笔走龙源》普遍书写的基础上，笔者对朝阳各大河流及岸边的情事，进行了一次又一次的探访、梳理、整合和思考，以一位龙源人的身份对朝阳的古今进行了一遍又一遍的解读，对朝阳往事进行了不厌其烦的叙述，朝阳各个时期的发展始终设定有我的在场。

谁料，此行如此艰难，大地把存有最多疑问的章节最枯涩的段落留给我这个没有多少文化的人来阅读，她的本意我还解析得不够透彻，但我尽力了，我觉得我的肩上还担负着一种使命，也是一种责任，尽管有时显得力不从心，但故乡大度，毫不计较地给我以写作的全部尊严。

　　归根结底，我是想对龙源物象和遗迹做一番穿透时空的深层解读，究竟如何？就只待读者评说和历史检验了。

李学英

2008年12月

目　录

岸边·恢宏缤纷的气质

　　想起河流，就会想起母亲，就会想起滋润、温暖、慈爱等一些词汇；就会想起童年、成长、故事等一些曾经的发生；就会想起现实、努力、追求等一些理想状态。朝阳本土的河流与其他地方的河流一样，承载着过去、现在和将来。在他们的岸边连台大戏不停地上演着文明，主角当然是人类，角色林林总总不计其数，故事有文有武不一而论。

　　日子一天天积累，河水奔流不舍昼夜像人类的繁衍。我热爱河流从古至今，却没有能力阻止她停下来听一听我对她的歌唱，我只能在自己内心殿堂祭奠她的过往、赞美她母性的深情，是她独立的品格吸引我从流动中领略亲情的风采和母亲的包容。她的动态会让我思绪永不止歇并跟着她的行走而行走，始终感受她的步频，感恩她的付出。

大凌河西源头——
平泉县水泉沟大烈山下

　　于是就有了关于她的抒写，尽管这是我最大的努力，花费了最多的心血，而面对母亲的博大，我只能九牛一毛，光年一瞬。母亲总是体谅她这个孱弱、性格与她一样倔强，既热爱存在的真实、又痴迷虚幻的孩子。于是朝阳整体形象迎面而立：气势的、魂魄的，只要制作就是大的。

大凌河南源头——
建昌县要路沟乡吴坤杖子村

1

大凌河·豪迈而执著

能够进入郦道元视野的朝阳河流只有一条，就是大凌河。水媚人眼，郦道元到底是个男人经不住迷惑，他误认为大凌河是辽河的支流，其实大凌河有自己的个性，不依附不谄媚独入渤海，并且独具匠心经营两岸，塑造着自己的与众不同。

北魏时称"白狼水"，辽代为"灵河"，金元又称"凌河"，明代改名至今。她的多处发源构成了她是多子女的母亲，有支流20多条，较大的有榆河、渗津河、叶柏寿河、老虎山河、牤牛河……河水一路奔波，人怀揣着火种随着河水奔波一路，如今的我依旧用寻找光明的眼睛随着水流的方向寻求不息。她用欢快的姿态经过了辽西九个市县，全长398公里，哺育了23562平方公里的土地，是朝阳境内的第一大河。

大凌河的西源和南源于此交汇

一次生命的旅程

我的眼前一条公路穿脊蜿蜒，我的身体被现代化器械承载着，思绪如风，穿透骨骼抚摸我的肉体撞击我的灵魂。思接千载的牵挂，一路蔓延。

这儿，牛河梁。东经119°30′，北纬41°20′。辽宁西部名山努鲁儿虎山从东北向西南走向的山谷，辽西名川老哈河与大凌河的交汇。站在牛河梁，气概通融，红山文化的中心位置，四通八达。

喀左鸽子洞——10万年前人类居住遗址

昨天，鸽子洞先民为猎物为篝火欢呼雀跃，余音袅袅，涟漪层层，一直传递到牛河梁，几十里的路程，竟走过了十万年，雄关漫道。不只这些，其实，穿越肉体温暖灵魂的还有一个场面，关乎战争关乎人性关乎生活。

一切从一场祭祀开始，一切从一场祭祀结束。虔诚庄重，自始至终。

类似的场景经过了几次？没人记录，但却过目不忘。月光如水，轻盈而清澈的月光欢快，照耀在草棚、土墙夯筑的室内。缭绕的松香一直弥漫着，气息穿越层峦向远方扩散，伴着咏诵祈祷的声音播向辽远。远方以远的地方在哪儿？那儿又有什么事情发生？你不知道，我更不知道，知道的只有一个人，接天通地的那个人，一个巫？一直一个人在屋子里头带着束发器，中空的，用以通天接纳天给予的神气。长发飘扬着，被山风时常吹起落在脸上。因为全神贯注，他没有丝毫整理的情绪。上身穿着褐色的麻衣，没有扣子，腰间一条绳子束缚着也不至于散乱。下身皮裙，虽然好久以前的旧物却还存有灰色动物的绒毛，这个打扮就很可以说明身份的高贵。

牛河梁女神庙遗址

为什么事举办这样的一场仪式？

就在昨天，两个部落：一个苗部落，一个夏部落，各自在酋长的带领下过着迁徙游牧的生活。夏部落酋长是黄

3

牛河梁积石冢遗址

帝，苗部落酋长是蚩尤。黄帝，中国人文初祖。生长于姬水之滨，发祥于今陕西黄土高原。黄帝"能成命百物，以盟民共财。""时播百谷草木，淳化鸟兽虫蛾"，善举让人爱戴，众相统一归结一场涿鹿之战。族善制兵器，其铜制兵器精良坚利，且部众勇猛剽悍，生性善战，擅长角牴。黄帝族则率领以熊、罴、狼、豹、雕、龙、鹗等为图腾的氏族，迎战蚩尤族，并让"应龙高水"，利用位处上流的条件，在河流上筑土坝蓄水，以阻挡蚩尤族的进攻，一举成功。这是我国历史上见于记载的最早的"战争"，对于古代华夏族由野蛮时代向文明时代的转变产生过重大的影响，形成部落大联盟，奠定了古代中国的国家基础。一场厮杀，战马与死尸，取得与失去。心里的牵挂，心灵的祭奠，实实在在的履行。这个高贵之人正在为这场战争祈祷。

的确，能够出入女神庙的，身份必定特殊，领袖的地位。庙门朝南洞开又关闭，屋子中间有灶坑燃起红红的火苗，升腾的烟雾笼罩了不足100平方米的地方。巫，左右脚轮换着踢踏，玉棒敲击着陶筒叮当作响，节奏分明。左手、右手轮换着挥舞，玉环清越，嘴上咿咿呀呀。因为是一个人在说谁也听不清的话语，但不论怎样都是在乞求上天给予人类以保佑，千言万语一个心理：让生活更顺畅美好，灾难远离。

女神庙在主梁顶的南坡，北靠一人工砌筑的大型山台，周围环以积石冢，是牛河梁祭祀遗址群的核心建筑。虽显窄小，却神秘莫测。有深近1米的地下部分，墙壁全部以木柱、禾草为架支撑，敷抹多层草拌泥，这些都尚未脱离原始社会时期用的聚落房屋建筑原型和技术，但还是开创了殿堂和宗庙的先河。此刻，巫正用轻盈的脚步在主体到主体南端一单室两个部分间来来往往。这只是个大致的轮廓，因为我们已经看清在主体部分平面呈"亚"

4

玉箍

玉凤

玉人

勾云形大玉珮

玉猪龙

字形，南北狭长，有主室、东西侧室、北室、南三室，共7个房间组成的多室结构，7间连为一体，尚未单独分离出来。靠墙的部位摆放着泥塑的人像和熊龙、禽鸟等动物神像，还摆放着彩陶镂空大器、带盖熏炉等精工制作的陶器。最中心部位当然是庙的主人。人像发现有6个个体残件，全部具有女性特征，相当于真人大小。巫在这里手舞足蹈一阵，转到了西侧室一尊神像前，这尊神像相当于真人的两倍，巫依旧在这里祈祷一番转移到主室，这里的神像大鼻大耳，是真人的三倍。以真人为比例塑造神像完全是写实主义，而比真人大三倍的手法却更具浪漫色彩。这种围绕主神的群神崇拜，有严格的层次性，更说明女神庙里的女神不止是一个女子，更是一个世界，是红山文化最高层次的中心，逼真而神话，完全是对祖先的崇拜。一个泥塑的神——女神——中华民族的共祖。

中华的女神，仰望时我的思绪飞扬，似乎不合时宜地想起拉丁诗人贺拉斯的诗句："春天来了，女神们在月光下回旋着跳舞。"从比较美学来讲，中国的女神典雅庄严，操守内敛；外国的女神灵动活泼，性情中人。此时我们本土的女神舞态轻盈而庄严，主题是乞求秋天的丰收。女神如醉如痴，沉浸在她曼妙的舞蹈中，我如醉如狂，被女神目光摄住，脱身可以忘却则不能。这个女人是天国之后，是安慰人间的神灵，此刻正在用镶嵌着碧玉的眼睛注视着一切，一切都在她的目光环绕中，无一遗漏，连同情感。

不知女神庙里的女神做何感想，一切宗庙都是政权的象征，对祖先的祭礼是中国古代礼制中第一位大事。礼繁而隆重。牛河梁女神庙的发现最直接的意义就在于：不仅发现了明确的庙址，更发现了庙内供奉的神像，改变了中国奉祀祖像的宗庙从上古到近古迄无实证的状况，证明在文明起源阶段的距今5000年前，中国是奉行祖先偶像崇拜的。震惊的不仅是我们自己，世界聚焦，海内孤本。

生死本平常，事死如事生。还是这个巫，在狭小的空间一个人在月色朦胧的夜晚，地中央的灶火明明灭灭，辉映着巫的身影一会儿在墙的这边，一会儿在墙的那边，不是一个人的，是两个，

牛河梁积石冢发掘现场

伴随的还有巫的影子，神秘、封闭、专一而独断。

不仅为了战争，不仅战事出征前都要有特别重大规范的祭祀，而且明天还有一部分人去对面的山中打猎，属于与自然界的战争。果腹的食物已经不多，猎取前的祭祀更是必须。打猎时，人时常会有因体弱而落入动物之口，低下产生敬畏，敬畏自然，敬畏动物，敬畏可以威胁他们生存的种群。主人是否还想到了前几天打到一头野猪的情形？人们欢呼着，抬着猎物回到居所，放在地上向天祷告：不是我们一定要吃掉你，而是我们必须活下去！噪声如鹰，告诉猪们吃掉你们的不是我们而是鹰们或者其他，及时把恐惧转让。

转让的方式单纯而具象。任何时代都有恐惧，并为恐惧寻找出口。以玉猪龙和玉凤为代表的大量玉器的发现，不仅证明这里

是龙凤图腾之源，而且也为人类发展史寻回了一个被遗忘的玉器时代。

在居住址的附近有一个以做工精细形象逼真著称的玉器作坊，这里不是什么人都可以进入的，起码要有自己一套过硬的手艺或者有一定身份的人前去检查工作。我没有当时的身份，我只是凭借今天作家的一只笔前来探访。但我还是看到了一个人在给

牛河梁女神头像

一个玉人点染，从切割到琢制到线刻到抛光，一丝不苟，然后就有了今天我们看到的双手放在胸前、额有印堂、面部表情丰满的女巫。

神玉，是先民用以表达自己信仰理念的信息载体，是地位极高的巫用以沟通神灵世界的通神法器。神具备自然的力量，自然不可改变。我手里的这块红山玉，透明、温润、清澈、纯净、细腻、深邃，具有水样的脂质，是大地山川之精配水之灵。我常常把她放在太阳光下注视，太阳的光泽就在我的手上闪闪烁烁。水是大地之上的水，玉是大地之中的玉，协调天神，天地交感，阴阳和谐，平衡持中。中是视角，是我们中华的魂。玉还是一个宇宙观，是一种超越世界所有偶像派宗教充满理性光辉的博大信仰，"那引我们潜行于大地上的，除了信仰，并无其他。""罗马大帝"在罗马就这样说。信仰使我们祖先的才华甚于理智，以达终极归宿。

在玉器作坊不远处还有陶窑，许多个。陶器主要是夹砂灰陶和泥质红陶，也做一点泥质黑陶和泥质灰陶甚至有时还用紫色，但数量不多，是解除单调寂寞劳动的方式。是红山人的缘故？她们喜欢热烈的红色，做成桶形罐，纹饰就用"之"字纹和平行斜线纹，口大底小，腰壁斜直，直线与弧线、波浪线共用，横压竖

陶塑人像残件

带与竖压横带相间。这个桶形器在积石冢广泛运用，呈巩固状态，所以大批量生产。除此陶形器之外还有钵碗盆类和瓮罐类，体态变化多端，钵有敛口式和折肩式，碗有敞口碗和直口碗，盆有敛口叠唇、折肩和鼓腰式，瓮罐有多双耳小口瓮和敛口鼓肩式。我用现在的目光猜测，是否当时牛河曲回的走向给她们以制作的启示。我在牛河梁寻找人类遗迹的时候，入眼最多的还是这些陶器，因为价值偏低遍地都有发现，我常常把玩手上做如今的宝贝收藏。

我收藏的都是破碎器皿的碎片，但还是可以用思绪连接。手中红色紫色灰色的陶片用五彩缤纷的情感带我走进作坊车间。昨天是单室窑，今天是连室窑。单室并不简单，它还分为长方形单室和马蹄形单室。最有意思的是马蹄形陶窑的火塘为由下而上的斜坡式，窑式与窑柱以石块砌筑，窑柱前后两排，排列有序，窑室中央有十字形火道。今天进入的双连窑室平面近方形，双火塘，也为由下而上的斜坡式，火塘与窑室之间有隔梁，窑柱八个，堆状排列，窑壁与窑柱为土石结构。

这个巫在某一天，由于日积月累的身心交瘁，身体渐渐冷却，众人将他放入石棺，周围用石头层层围住，曲终奏雅。这样的冢已经发现20几处。它们都有一个共同的特点——设有中心大墓，且每个地点只设一座。在山岗顶部修筑的东西长150米、南北宽60米的平台上，布置有一圆形祭坛及东西两侧各有两个积石冢，坛北一冢，形成以祭坛为中心，坛冢结合，四冢一坛有东西一线铺开的格局。坛为三层圆，红色的花岗岩岩桩立砌，层层高起，总直径为22米；坛西两冢平面分别为长方形、正方形，坛东侧两冢平面分别为方圆结合的双冢相套和"日"字形。积石冢全部以呈白色的硅质石灰岩平砌出层层叠起的地上石丘。冢前朝南的方向开阔，还有大片红烧土或由草拌泥土做成的建筑材料残块，红白相间，

8

色彩艳丽。冢前还有一个圆形石堆，每边长4米墓口，以下深近两米，墓穴打入风化基岩，墓壁两侧有两三步台阶，在大石板砌筑的石棺内随葬多件大型玉器，以象征神权的玉龟和可能象征王权的勾云形玉珮。这是个王权象征意味的人物，先前被我叫做巫的人，玉凤枕在头下，头顶用马蹄形玉箍束发，也是一种通天器，供灵魂出入的信息甬道。耳戴玉圆形边刃器，肩部两只玉勾龙块，胸部施勾云形玉饰，它中央的漩涡代表灵魂升天时所见到的宇宙魂气漩涡图，是灵魂旋转升天的线路。腕上佩玉镯，双手执玉龟，衣裳饰玉环，心口置玉龙，脐部有玉琮，琮外方内圆，中空，通天通地，脐是人连接最神秘的黄金点，琮放在此这一行为大有来头。这些玉器大都以绿色为主，普通

彩陶瓮

的河磨玉，从附近的水里石中分辨出来，并制成由自然、稚拙、略带野性到自由、质朴、又显规范的实用之器。器面光滑，有细细研磨的浅纹，时隐时现，既神秘又艺术。边角内缘也光滑着，有锋有刃，北方独有的工艺。观物取象，追求神似。玉猪龙是红山玉器中最具代表性的玉器，以作坊对面的高高遥遥的猪首山为"模特"。颈部穿孔非常讲究，采用两端对穿的方法，或者有的只在背面横穿成"牛鼻式"，天真稚气如童年，果真是人类的童年。唯玉为葬，玉避不祥，"礼"制雏形，有着深刻的时代信息内涵，这种文化属性影响着良渚文化、龙山文化。这种内在的自觉行为，就是对以"礼"为核心的中华文化的认同，是精神重于物质的思维观念。中国——礼仪之邦。

礼是夏商时期才有的事，以青铜器为主要礼器。无论大汶口文化还是龙山文化，还是良渚文化所表现的各有特点的早期礼制大都出现在公元前3000年以后，唯有红山文化时代在公元前3000年前，是仰韶时代的后期，早于龙山时代近千年，内容也不只限于墓葬及随葬品，表现为坛庙冢等大型礼仪性建筑。红山文化是追

索礼制起源的新起点。

这个巫，从生到死，祭祀不断。祭祀之后，龙凤呈祥，松静鸟鸣，是天籁；牛河叮咚，陵丘巍峨，是地籁；女神目灼，唇边微笑，是人籁。天地人都占全了的时候，分明就是辉煌的时候。

红山文化女神庙、积石冢、玉器，还有距离几十公里的祭坛东山嘴，所有这些都说明红山文化是最高层次中心聚落，并以宗教形式将这种以一人独尊为主的等级分化固定下来，同时在制度化的前提下又见多种变化，其中不少都是氏族公社原始性的保留。红山文化是中国北方地区新石器时代的一种原始文化，距今约5500～6000年，由一个大的部落集团所创建。是原始公社氏族部落制的发展已达到产生基于公社又凌驾于公社之上的高一级的组织形式，早期城邦式的原始国家诞生。这种基于公社之上的高一级的组织形式即古国的特征，是中华文明起源的重要标志之一。

神性无以言说，面对神性无能为力的不仅是我，是我们所有的人。我也努力使叙述接近真实，而叙述一直不可靠甚至值得怀疑，文学的笔力揭示不了真实的存在。文学高不过生活，最真实的，只有当时的发生，我这里有的只是相对而言。

无论何时何地何人，生活中生存都是第一要义。遥望猪首山，猪首便成为牛河梁人心灵的告白。

我是一个易于怀旧的人，经常沉潜在历史的某个角落，一动不动地注视，寻找我前生之前生的角色，是哪一家的村妇或首领。经历风雨，相信阳光。千辛万苦之后的我回来了，站在牛河梁的最高处，沐浴牛河，出没古今。

阳光雀跃着，从这个山梁到那个山梁，一跳一跳地生长，阳光过后，山梁一派光明，白天到了。

彩陶筒形器

追踪龙城旧时容颜

　　龙的源头是故乡。龙城——朝阳人共同的家园，这样说并不为过，因为我们有着关于她最有力的注释。红山文化玉猪龙的被发现把中华民族文明史提前了一千多年，还有朝阳在历史上另外的一个名字——龙城。龙是中华民族的文化图腾，它凝结着中华民族悠久文化的想象力，构成了一个民俗的生命密码。人类历代都是逐水草而居，一为方便生存，二为野花顺着河沿铺展，一路风光无限。

　　行走在朝阳的大地上，犹如浸身于深远的时光隧道。因此我的身上时常披挂着悠久的烟尘，我知道远在秦、汉时代，这儿被称为柳城，到了东晋、十六国时为三燕故都——龙城。燕王慕容皝称帝时他的城池被称为龙城，他的宫殿叫做龙宫，那时的凤凰山被叫做龙山，南北大川叫做龙川。为什么在慕容氏的附近都有"龙"的出现呢？

　　自古以来，中华民族崇尚龙，把龙作为神圣祥和呼风唤雨之灵物；自古以来的皇帝也以龙自诩，真龙天子，龙袍加身，雕龙坐椅，凡是与龙有关的都与百姓无缘，更是高不可攀的象征。慕容皝虽是东胡鲜卑人，但汉民族的文化在他的脑海里根深蒂固，他们崇尚汉的文明文化，学习汉族礼仪也渐成风尚，

凤凰山——三燕时被称为龙山

于是做了皇帝的他是否想象他也是一条真龙呢？

为了这条龙，慕容皝可谓煞费脑筋。他原来的都城在大棘城，在那里他总是感到做事不顺。一天，他率领群臣到了柳城，他一看这里东有山水，西有坦阔，就暗下决心在此建都。有一个传说委婉地道出当时慕容皝的心态：慕容皝一看这里倚山环水，土地平坦肥沃，就有了一个大胆的想法，于是问大臣阳裕："北面这座山叫什么名字？"回答说："龙山"；"山西这条川叫什么名字？"答曰："龙川"。慕容皝暗暗叫好。忽然又问："这河呢？"阳裕回答："白狼河。"慕容皝心里有些不悦："白狼河？白狼河不好，不如叫龙河。"阳裕等群臣急忙附和："龙河好，龙河好。"于是在公元341年1月，前燕王慕容皝派大臣阳裕、唐柱在"柳城之北，龙山之西"筑造新都，改柳城为龙城。公元342年10月，慕容皝自棘城迁都于龙城。

居在龙城，整天见不到龙的踪影，慕容皝郁郁寡欢。大臣们看出他的心思，便决定讨好他并定下保守秘密的誓言。他们找来了一百多个能工巧匠，在柏山上砍伐了一百棵柏树，限令一百天，做好了两条木龙，一条涂成黑色，一条涂成白色。有一天，慕容皝正在批阅奏章、处理国事，一个宫人慌慌张张地跑进来启奏："吾皇万岁万岁万万岁，龙山上有两条龙，请皇上亲自观看。"慕容皝一听高兴万分，忙率百官群臣去龙山看龙。出龙城、过龙川，到了龙山脚下。那天阴云四合要下雨的样子，云雾蒙蒙，天空一片朦胧。慕容皝焦急地询问："龙在哪里？"阳裕手往山上一指，其实这相当于一声号令，山上舞龙人见到手势将手中的黑、白两龙尽情起舞，慕容皝和群臣真的看到一白一黑两条龙在交首嬉戏，慕容皝大喜："早就盼望真龙的出现，今天真的就出现了。"于是连忙下令："快用太牢祭龙！"祭奠之后龙就不见了。群臣这才尽显巴结之能事："您就是真龙天子。"慕容皝高高兴兴地回宫去了。遂下令在龙山建龙翔佛寺，把他的新宫定名为和龙宫，并大赦天下。我觉得慕容皝才不傻，他不会看不出其中的奥秘，只是当时他需

要的就是一种愚昧，玩弄的是群臣百姓，至于他是谁只有他自己最清楚。

开国皇帝成就事业。慕容皝上任后，在龙城内建造了承乾殿、祖庙，还有一座皇家学府——东庠，赐皇家和大臣子弟在此学习，并亲自讲学考试，别具一格选拔人才。由于慕容皝治国有方，使前燕王朝很快成为北方惟一强大的政权，而燕都龙城也成了东北政治、军事、经济和交通中心。到了公元348年9月，皝病逝，后燕王、北燕王都定都龙城，虽然迁出过但都设有留台，并号为"龙都"。前燕鼎盛时，南疆已达黄河流域，西至黄河，东濒黄海，整个辽东半岛、内蒙古地区一部分、河北、河南、山东、山西各省全部和安徽、江苏省的大部，都归于前燕版图。形成了南与东晋对峙，西北与前秦抗衡的格局。而龙城不仅是前燕立国之都和强大后方，也成了雄峙东北，威震中原的历史名城。公元401年，慕容熙继承王位，在龙城大兴土木，不但建造了高于原宫殿一倍的承华殿，还拟邺城的凤阳门修建了累级九重的洪光门和广袤十余里的皇家园林——龙腾苑。

龙城从前燕、后燕到北燕经历了99年的光阴，近百年的时光近百年的建造龙城已形成一个规模宏伟的都城。有东西南北四座城门，南门是洪光门，直对洪光门的里面是和龙宫的正门，和龙官的东面是皇家学府东庠，东庠前面的东南角有一处园林名为东园，后改为白雀园。此外，还有东堂和慕容氏的祖庙以及祭祀的社坛。城正中有承前殿、新昌殿、承光殿、承华殿等华丽的皇官建筑。在龙城的北门外，又建筑了龙腾苑。"广袤十里"，"基广五百步，峰高十七丈"的"景云山"，还有"逍遥宫"、"甘露殿"，"连房数百，观阁相交"。又凿有"天河渠引水入官"，修"曲光海"、"清凉池"等。清人沈芝以《慕容皝大筑龙城歌》为题写道："天地造化真巧手，有者化无无化有，沧海自古无常形，唯有浮名能耐久。昔有慕容皝，才具敏且明，生当晋室偏安日，五胡割据幽并营。皝亦窃帝位，选胜筑龙城。崇墉言言坚且宏，其中官殿何峥嵘，金汤之固岂遽倾。谁料美者难终美，曾几何时归残毁，行人遥指狼河西，唯有断垣与废垝，当年胜迹付流水。白雀园，凤凰门，于今剥落无一存。兴中置州郡，曾历辽金元，岂是尔时未暇与培补，不然何遽委蒿蘩。君不见，关帝狼山碑尚峙，摩挲苍苔动遐思，霸图转眼化灰尘，不如名流数行字。"还有朝阳人张玉谦同样以《慕容皝大筑龙城歌》为题，书写筑城经过："慕容崛起群胡中，攻城割邑自称雄。华夷纷争七十国，唯燕立业冠诸戎。廆常奉表臣帝室，拓地辽东师有律。车骑将军受晋封，克尽忠心称辅弼。世子嗣立识力精，雄才大略本天成。臣庶归附疆域阔，徙都相土筑龙城。龙城地在柳城北，东傍龙山势奇特。乌桓沙漠接邻封，边塞名区欣独得。玉龙金阁势巍峨，万家环烈如星罗。佳气遥通丹凤岭，雄风曲绕白狼河。黑白二龙山上见，太宰崇祀馨香荐。新官赐号曰和龙，君臣大启河阳晏。物换星移数百秋，英雄割据事全休。荒甸难寻官阙址，三塔空存凌水流。即今幸受圣朝治，士读农耕安素位。山川巩固向帝京，作镇休轻边塞地。"不管是沈芝还是张玉谦，在诗作龙城的态度上异曲同工。更有现代朝阳著名画家根据典籍绘画此园。

我常常独自走进这片王国，站在曾是官殿后花园的土地上，似乎闻到了从遥远地方飘过来的花香，那是龙腾苑的奇花异草掠过的味道吗？耳畔似乎还能听到汩汩的水流动的声音，那也一定出自曲光海的鸣奏，还有天空中不时地有一两声鸟鸣，那只鸟是飞越了千年，在今天告诉我该寻找躺在这里的古老、残破的文明碎片？

慕容皝死了，慕容垂死了，冯跋也死了，他们头上的那盏灯灭了，心中的皇帝梦碎了，真龙天子灰飞烟灭，手中颐指气使的宝剑锈了，多么宏大的地方政权一夜间坍塌，一切功绩、一切柔情即如拜伦在《哀希腊》中所谓的"文治武功的花草"都埋葬在了曲光海底，如今看不出一丝痕迹。现在那片曾屹立过巍峨建筑的土地还在，什么消亡了土地也不会消亡，更何况三燕的气韵还在。

从三燕的时空隧道里走出来，时光已过了一千六百多年，一千六百多年间失踪的城市不仅仅是三燕龙城一座吧！历史就是这样，遇到也是一种发现，行走在历史的轨迹上我们处处惊喜，历史的庄重与肃穆还有疑团都会让我们睁大双眼，开启心智、思考惊奇，最后作出判断，给历史一个比较满意的答复。

答复是满意的。因为在龙城这座城市之上又建造了一座现代化城市——朝阳。朝阳是辽宁省西部工业城市，东边那座山叫了凤凰山，山前那条河叫了大凌河，城市建筑更是日新月异。如果说百年三燕在最盛时占据华北、东北广大地区，并影响到朝鲜半岛和日本列岛，成为东北亚政治、经济、文化中心，那么今天的朝阳则处于西部京津城市群与东部辽沈城市群辐射的中间地带，西北与内蒙古赤峰市接壤，东北与阜新市交界，西南邻河北省，东南与锦州市相连。全市总面积为2.28万平方公里，全市人口326万，市区东距省会沈阳341公里，西距首都北京518公里，铁路、公路可直达北京、沈阳。朝阳依然是北京、承德通往沈阳、丹东、大连以至东北各地的交通要道。不管是历史上的龙城还是现代版图上的朝阳都将作为一段光阴在中国历史上如花盛开。

学会尊重

北大街改造以来，考古在我心中的喜悦就没有间断过，有2004年全国考古十大发现之一的龙城南门遗址，然后的陆续发现断定这座城的东南西北各段城墙及边缘位置。2005年10月15日，在最后拆迁的老城区的北街又从一户墙壁中呈现了1930年编辑出版的《朝阳县志》中记载的"在县治所东北门外清同治七年城内百工合资建以祀各工祖师者各行按期祭其祖师香火甚盛"的祖师庙石碑两通。

在这部考究工整的《朝阳县志》卷六庙祠中有如此表述："古圣人制礼以祭为先诚以崇德报功为民求福有国者之责也国家设坛遗致祭社稷先农以及秩祀群祀诸典礼固莫不厘然隆备县官负守土之义务责任不减古诸侯于坛遗之外所有文武城隍各庙以及有遗爱于人民有懿行于乡里为循良为节孝者皆宜随时崇奉以激发人民景慕效仿之忱礼云凡祭有其举之莫敢废也特汇祀典

从拆迁的民居墙壁中发现的祖师庙二石碑

所载者志庙祠"。书者，解惑也。同时说明了1869年9月发动百工建立祖师庙的纪念与教化意义。

祖师庙是中国原始宗教中民间宗教的寺庙，庙中供奉的是民间从业者用来保佑自己和本行业利益并与行业特征有关联的神灵。建筑业的祖师鲁班，梨园行的喜神，医药界的扁鹊，纺织业的黄道婆，造纸业的蔡伦，读书人的孔丘等等，金银铜铁锡，木瓦盖石齐，弹染雕画漆，外加搞箍皮。三教九流，五行八作，各行各业都有自己的祖师，认祖归宗，借古人之德行福音庇护自己，给自己以发财的自信，所谓的大树底下好乘凉，早已作古的先人，又如何润泽自己的生意？一是生意人的嘻嘻哈哈，另一个就是对先人的尊重了吧。尤其是木匠鲁班，后人每年都为其搞一个盛大的节日，一是对中国传统文化的发扬光大，另一个就是"文化搭台，经济唱戏"了。尽管在这座碑文记载中我还没有找到关于教师这个职业，文化是统领，也许对孔老夫子另有安排，也许是漫漶不清的地方有所记载，无从考证了。碑文是最好的证据，信奉一个人只要忠诚、真诚；只要敬重、敬仰。祖师庙两石碑，相距4米，上部较完整，下部由于常年积压地下，字迹漫漶不清，也还没有来得及清理，只能从字迹清晰的部分作出判断。

于夏云百工居肆以成其事君子学以致其道夫百工……

之不易也况其创始者乎夫作者之谓圣创始者即……

利物皆

祖师以艺传于后世而利泽施于无穷者也斯道可

东小门外修建

祖师庙工程浩繁糜费不资皆我工待量力捐输以成……

以为未能报

祖师于万一也聊以表不忘本之志云尔

领修人　冯福

六品军功监生　李珠　撰文

工行

阖会人等

杨绍三　丹书

经理人　刘兴源　李　金　李　银　施舍

大清同治七年　菊月

以上东侧碑阳上所有文字……处不清，不敢贸然添加。碑额上书：勒碑刻铭

碑阴文字：

皂君行　共施银二十五两

碾房工人　共施银柒两

纸行工人　共施银捌两

香房工人　共施银肆两

木行　　等等等等

碑阴额：永垂不朽

以上是始建祖师庙碑文，也就是东边石碑上的字迹，靠近大凌河岸200米。给我的感觉与体会却是相当的震撼：学会尊重是安身立命的条件，是人格修养与人文情怀的表达。

清代朝阳经济实证

　　查过《朝阳县志》，却没有找到相应的与大清同治七年的经济状况有关的章节，这使我很失望。不过，我还可以从《物产》和《捐税》两节中反证朝阳经济之状况。在《物产》一节序中说："天无私覆地无私载故凡日月所照雨露所润不以遐迩殊也我朝邑虽地处边陲迥非化外且土肥泉甘如动物植物之生殖不逊于内地矿物且更过之足征百产之精华毕蕴于地苟善为用之是诚地不爱宝富源有来由矣谨分门别类以记之。"所记有谷类、蔬类、木类、花类、草类、禽类、兽类、虫类、鱼类、枭类、饮食类、金石类、皮毛类、器皿类、铜铁铺、编织铺。很简单，有谷类的就有酿酒业，有木类就有烧炭的，有草类就有医药业，有禽兽鱼虫类就有经营肉类的店铺，有矿藏资源就有矿产业。于是大清同治七年的时候，朝阳商号名录在祖师庙西侧的石碑上尽有书写："今将各行施银开列于右：

　　通顺号　杨茂春施银二两　绳麻皮行　银行　瑞祥斋　广来号　永盛炮铺　新发炉

　　通昌永　永泰隆　福泰楼　益昌永　长聚斋　聚成馆　天成炉　以上各施贰拾贰两

　　三盛和　西和锦　合兴永　公义炉　德兴永　德顺兴　德成公　福裕楼　三顺铺

　　万成窑　大和永　四合兴　万聚斋　继成号　义兴永　郎锡铺　万聚永　福顺永

　　福成楼　广源隆　天发号　广和窑　聚德号　四合成　宝聚成　德成炉　义源永

　　三义炉　广成窑　三聚烛局　兴顺永　双盛楼　德兴园　仁和染　富有棚铺

　　永兴纸房　万顺烛局　玉德楼　恒星号　永兴厂　魁增涌　和发号　德顺斋　隆盛炉　义盛兴　王同　永春号　三元公　发益号　森发厂　双益永　福增染　三义永

福顺斋　合锦斋　玉璞堂　永盛厂　春利堂　永和炉

德远堂　德升永　三成号

保德斋　和义厂　桂阑斋　永和炮铺　三益公　德裕隆

和顺斋　永盛皮铺　东广盛　兴顺炉　永隆斋　信诚厂

泰和斋　德盛楼　罗锦章　聚和号　成明炉　和顺号

全盛毡铺

大清同治七年　菊月"

阳碑额：流芳百世

阴碑额：万善同顺

　　还记有："徐肉铺　天顺炉　永兴发　姜池　张祥"等人名和商号名称。我无从考证这里的记载是不是当时朝阳城内商号的全体名录，但它却代表了当时朝阳城内的商业种类及经济状况。从捐税上看，民国时朝阳设有征收局主要征收粮食税、烟酒事务分局、卷烟吸户捐局、硝磺分局、驮捐总局、车捐、屠宰捐、食盐捐、商捐、炭捐、小肠捐、商务营业捐、沙货捐、石灰捐等等捐税名称。这些征收单位设置有时是上朝上代的延续，有时会根据实际情况进行一些增减，但万变不离其宗。西侧之碑离北塔300米，也就是说，当时的祖师庙在北塔之东不远处，也是一块福荫之地。

　　这里不愧是三燕圣地，商号名字也起得颇具文化色彩，而且兼具兴盛涵义。

祖师庙西侧石碑

20

淡饮深谈：尹湛纳希

在中国·辽宁，在辽宁·朝阳，有一座城市名为北票。

北票：世界上第一只鸟飞起的地方；

北票：世界上第一朵花盛开的地方。

北票：物华天宝；

北票：人杰地灵。

曾无数次地拜访北票，曾把感知的情绪拴系在那里。一个生命的个体——我，与北票息息相关，那里原来有工作着的父亲，有父亲的地方就是生长根的地方。

因为父亲而知道一个人，一个大名鼎鼎的人，一个故去

尹湛纳希塑像

了一百七十余载的人——尹湛纳希。知道尹湛纳希是1976年的事情，父亲在北票下府公社任党委书记。崇尚文化的父亲在每年两次探家中向我灌输最多的就是伟大的蒙古族作家、思想家、史学家，被誉为"蒙古族曹雪芹"的尹湛纳希。后来父亲带回来一套尹湛纳希计二百多万字的著作《一层楼》、《泣红亭》、《红云泪》、《青史演义》等，爸爸说："这些书是下府生下府长的一位叫作尹湛纳希的蒙古族作家写的，作品内容有些像《红楼梦》。"于是不大的我开始阅读这些书，虽不太懂，却有印象。"原来下府也有红楼呀！"乃至红楼后面的花园成了对我的一大诱惑。爸爸回城之前，我小，爸爸就从来没有带我去过那里。爸爸回城之后，我长大了，再去就不知找谁。所以下府一直在梦里萦绕着，挥之不去。这些书成为我小学时的课

尹湛纳希家庙——惠宁寺鸟瞰图

是1984年。

　　16年之后，我成为朝阳市尹湛纳希研究会的成员，理所当然

惠宁寺内大雄宝殿

惠宁寺古树

外读物，虽然似懂非懂，但毕竟开始了对尹湛纳希的阅读。工作后，撰写地方志，走朝阳古城，访著名山川成为我的正式职业。于是第一次到了北票下府，在那儿开始悉心触摸忠信府用纸糊过的墙壁，也终于到了那非常想见的后花园，在八角井听水，那时井水还很丰盈，那

地重访名人故居时，这里已是一片荒芜。不是别的，而是因为造福一方百姓——白石水库的修建，忠信府已迁移他处。站在空旷的田野，站在尹湛纳希生活过的土地上，我已经感受到了这里的土地因了尹湛纳希的缘故而温馨，在这里不灭的是尹湛纳希思想的光辉，它将照耀着后来人，为民族文化的不朽，为中国文化的繁荣，为世界文化的昌盛。

　　时至今日，为了这个题目的写作，再一次瞻仰尹湛纳希的故居时，尹湛纳希的形象渐渐清晰，渐渐高大，他常进入我梦与我谈论文

学，我则以工作之便文学写作之便，常常坐在尹湛纳希坐过的木椅上，学着尹湛纳希的样子看书喝茶，端详他的传家宝砚，也常常到尹湛纳希常去的棋盘山上，在尹湛纳希经常下棋的棋盘上做思绪万千的智慧对弈，到坐落在内蒙古自治区赤峰市喀喇沁右旗锦山镇的贡桑格尔布亲王府，追踪尹湛纳希幼年时在姥姥家玩耍的足迹，还有成年后与叔侄表弟读书的地方；从北票到锦州的药王庙，渐渐呈现着尹湛纳希完整的一生。

搬迁后的惠宁寺大门

搬迁后的惠宁寺大雄宝殿

尹湛纳希是我心中放不下的永远的牵挂。

朝阳有一条河，许多作家、画家、摄影家都描绘过她，最近有朝阳市摄影家协会副主席王学敏同志的图文集《凌河流韵》出版发行，在那里详细记载了这条河的起源、流向、沿途美丽的风光和人文气象。这条河被誉为朝阳人民的母亲——大凌河。就是这条河从南向北，从凌源出发经朝阳在北票与另一条著名的牤牛河相遇，相遇处有一座村庄——下府。

下府 在北票是一个相对来说较小的乡镇，却因为有了尹湛纳希而厚重。原来的样子已不复存在，成为白石水库的淹没区。下府、忠信府此时不得不封存在波澜的水底世界，也许水底也因它的美丽而熠熠生辉。而决策者与观光者都不会忘记民族的骄傲，不会忘记中国的骄傲——尹湛纳希。

忠信府 下府最大的一处宅院，下府因忠信府闻名。1837年5月23日，尹湛纳希就出生在这里。他的父亲旺亲巴拉，母亲满尤什卡，属成吉思汗的黄金家族，他本人是成吉思汗的第二十八代嫡系子孙。尹湛纳希的乳名哈斯朝鲁，汉名宝衡山，字润亭。他自幼接受良好的文化熏陶与家庭教育，熟读蒙汉典籍，通晓蒙、汉、梵、藏等多种文字，是游牧文化的精魂。他在特定的历史疆域中的文化选择与创作倾向，将传统血液注入肌体，大而化之，对农耕文化与游牧文化进行汇聚沟通，由点及面，由内向外进行整合建构，展示了中华和合文化生命智慧的历史风流。

忠信府所在的卓索图盟，不但是漠南蒙古诸部中距离内地和清朝首都京师最近的地区，而且是中原和东北联系的要冲、清朝皇帝朝谒旧都——盛京的必经之路。这使得卓索图盟在经济、文化方面都比较先进和接近内地，容易受到内地思想文化和生活方式的深厚

尹湛纳希故居——忠信府

影响。据历史记载和一些有关资料可知，远在尹湛纳希出现之前，卓索图盟就已经成为以农业经济为主的蒙汉杂居区。蒙、汉两个民族的文化在这里进行广泛的交流，出现了融合的趋势。内地的各种图书，有些是以译著的形式，更大量的则是以汉文原著的形式，广泛地流传到这个地区。

忠信府在清朝是协理台吉衙门，实际上也是一座规模宏大的地主庄园。荟芳园就是其中的一座小型花园，八角井就是当年花园的一个景致，尹湛纳希常常在这里玩耍，也常常把这里的景致收入他的著作中。还有棋盘山，当年尹湛纳希常在这里与哥哥们下棋，在这里还发生过许多关于爱情的动人故事。

忠信府藏书甚多，设有东坡斋、学古斋、楚宝堂。尹湛纳希在年轻时参观承德皇家图书馆——文津阁，临出来时管理员问他："这里比你们家的书多吧？"尹湛纳希回答说："皇家图书馆真大，可惜比我们家的只多一本！"可见，尹湛纳希家有多少藏书，堪称漠南地区最大的私人图书馆。尹湛纳希就在这样的一个文化摇篮里，接受父兄熏陶，名师指点。尹湛纳希

精通蒙文、汉文，并掌握满文、藏文和梵文，被人称为"尹夫子"。

　　1891年，尹湛纳希的家乡发生了金丹道教起义。为避战乱，尹湛纳希携带家小避居锦州。忠信府始遭破坏，几代人收藏的图书被毁，尹湛纳希因伤感而染疾，第二年的2月病故在锦州的药王庙，终年55岁。因为客死他乡，又死于绝日，尹湛纳希的遗体从锦州运回后没有葬入祖坟，而埋在了忠信府东北部的毛盖吐。第三年移到兰旗西山坡。1987年5月23日，在尹湛纳希诞辰150周年的时候，北票市政府将这位蒙古族文学巨匠的坟墓搬迁到棋盘山上，树碑立传。

　　距尹湛纳希故居2华里处，有一座保存完整的喇嘛庙叫惠宁寺，这里原来是尹湛纳希的家庙。王府占地九千多平方米，府门上书："金枝玉叶皇宫府，塞北沙漠第一家"。横批：四公主子孙。檐脊柱梁相互结构，尽力学之妙，正殿的第二层墙壁采用了油浸荆头代替砖石。殿堂160间，共耗银十万余两。看着壮美的王府，哈贝子很是兴奋："我府可与北京雍和宫媲美了，哈！哈！哈！"三声大笑。有人以哈贝子图谋造反，妄图另立朝廷告罪。哈贝子只得改王府为寺庙。1756年乾隆帝亲自题写匾额——惠宁寺。惠宁寺的建筑格局效仿了北京的雍和宫，具有蒙、汉、藏的建筑艺术特色。占地面积13000平方米，院内苍松翠柏，冬夏常青，寺院门前傲然屹立一对高大石狮。1986年中共北票市政府为了纪念尹湛纳希特在这里建造了纪念馆，这也是北方蒙古民

尹湛纳希有关
《一层楼》《泣
红亭》札记

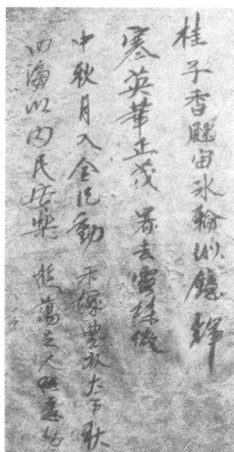

尹湛纳希汉文手迹

族文人的第一座纪念馆。中央民族大学、内蒙古大学的教授、研究生、学生经常到这里参观。美国、英国、法国、德国、日本、前苏联、蒙古共和国的国际友人、学者也前来参观、考察。一时间北票下府成为参观者敬仰的地方，惠宁寺成为人们寻找尹湛纳希当年足迹的圣地。

辽宁省"九五"期间水资源开发建设的重点工程——白石水库的修建，使下府成为淹没区。为了永久纪念这位世界著名的蒙古族作家，将纪念馆和惠宁寺从下府搬迁到北面的山坡上。然而"泣红亭内书青史；红云泪洒一层楼。"无论纪念馆如何搬迁，"武有成吉思汗，文有尹湛纳希"的记忆不能改变。在纪念馆内来自北京、内蒙古、新疆、辽宁等地的各级领导、作家、教授和学者用蒙文、汉文、女真文、契丹文为尹湛纳希纪念馆题词，肯定了尹湛纳希在中国乃至世界文学史上的地位，同时表达了中国人民对这位蒙古族伟大作家、思想家的敬仰。

荒凉的墓地 站在墓地四下张望，在西南方向是新建成的下府乡政府，被淹没的墙体在清晨微细的阳光中泛着白色；南面有大凌河闪着跳动的粼波向前流淌；东面是被淹没的尹湛纳希残破的故居；坟墓的后面是一片苹果园还保持着生命的绿色。尹湛纳希就长眠在这里，孤自一人守望着生的虔诚和水的宁静。

随着白石水库的兴建和尹湛纳希故居及惠宁寺的搬迁，在八角井中，工人们发现了几块墓志，蒙文刻制，译文如下，删节处漫漶不清。

1号碑：生于癸酉年季夏十一卯时　曾受皇帝赏赐的四等台吉拉旺淖日布之……乙酉年孟夏初二日巳时卒，享年七十三岁。

2号碑：谨记（卒）于乾隆十五年辛未年四月夫人……阿玛拉塔之骨（遗骨）。

3号碑：生于嘉庆十二年丁卯……月二十八日受圣主赏赐……四等台吉色仍淖玛德……四十……初九日卒。道光……四月初八日……。

6号碑：生于乾隆四十……年……月初九日，四等台吉布图格勒，六十二岁。道光二十四年甲辰十二……日记。

10号碑：乙亥年七十四岁四等台吉夫人棍都桑布之安葬处。咸丰二年壬子仲秋二十一日申时卒。

11号碑：……生于……酉年五月二十四日，四等……大夫人……二十八岁，乙亥年六月十三日逝……寅年六月初八日生……（道）光十九年六月逝，享年七十岁……未年七十岁第二夫人……之遗骨……道光二十四年冬末月十三日卒。

道光庚戌年丁卯月丙戌日立（汉文）

13号碑：丙申年六十七岁，四等夫人扎西保勒木安葬处，壬寅冬末月二十四日卒。

14号碑：道光二十年庚戌季夏十三日玛哈玛日……遗骨……七十七岁巳时去世……六月二十三日葬。

15号碑：谨记台吉特古斯朝克图六十一岁道光十四年甲申季春初二申时逝世。

17号碑：乾隆六十年四月二十四辰时生。贝勒之女旗之……四等台吉夫人……嘉庆三十四年正月廿六日辰时逝，享年二十五岁，仲春初六葬。

尹湛纳希墓地

27

深深的思念 刚上山坡，我们便到了八角井。它也是从忠信府的后花园搬迁过来的，制式和砌井材料都来自原始的建筑。尽管现在是夏天，尽管在夏天这里一枝花都不曾开过，可青石依旧分为八面守在那里，让人认清当年尹湛纳希就是吸吮着它的乳汁长大的。井上有长条石横亘，被搭在石柱上，方方正正的石块结实地屹立着，井的周围有断续的石槽，水在当年就是通过这石槽分向东南西北浇灌农田和花草树木的！

井不算深，且早已干涸，井底有卷入的杂草和废旧物品，一看就望穿了沧桑，这不免使人伤感。这口给予尹湛纳希生命之源的水井，让热爱尹湛纳希的人们浮想联翩：人们似乎听到了尹湛纳希在后花园里吟读诗书声；似乎看到了尹湛纳希在后花园追逐蝴蝶时的身影，尹湛纳希是否还爬过枣树把红红的脆枣分给乡下贫苦的伙伴？只要八角井记得就会成为人们永久的纪念。

在地愿为连理枝 "在天愿作比翼鸟，在地愿为连理枝。"这不过是人们的一种美好的愿望，而在惠宁寺，"在地愿为连理枝"却成了现实。这座寺庙修建于1738年，二百多年的风霜血雨滋润了无数生灵，同时也滋润了这棵阴翳半爿的老松树。据在这里修行了63年的老喇嘛包国柱讲，当年这样的大松树共有两棵，树荫遮住了整个院落，在院落里看不到太阳，也淋不到雨水，所以，在这里修行的人要到院子里吃饭，商量事情。不幸的是一棵被毁，另一棵孤零零地生存着，也不知什么时候起，人们抬头望天的时候，发现在活着的那棵树上，树枝连成了一圈儿，且没有缝隙，人们可以通过这个圆圈把目光伸向天边。是活着的这棵树，怀念另一棵，把两棵合二为一，还是在暗示着人间美好的愿望？在人间谁不向往爱情？人都在为爱而活，我在问它，而它无语，有的是它将要沉入水底的呜咽？不，现代人聪明，用自己的智慧已将它们移植新址，用生命再做一次蓬勃的注释。

尹湛纳希出生在卓索图盟土默特右旗（今辽宁省北票市下府乡）的一个封建贵族家庭。尹湛纳希的家族被称为忠信府，世袭台吉，与当时的土默特右旗扎萨克固山贝子同宗。尹湛纳希系元太祖成吉思汗的后裔，祖上曾居河套和呼和浩特一带，在历史上与现今内蒙古自治区土默特旗的蒙古族同支，均属孛

尹湛纳希在《泣红亭》中描写过的八角井

儿只斤氏。尹湛纳希6岁时开始读书，尤其喜欢《红楼梦》《镜花缘》等，从汉族文化中吸取精华，写作了《一层楼》、《泣红亭》、《红云泪》和一些诗词篇章。他生活的时代是中国沦落为半封建半殖民地的时代，列强的入侵，清政府的无能，激发了他的爱国热情，尹湛纳希继承了父亲的遗志续写了《青史演义》。这些著作是尹湛纳希用多种语言文字写成，奠定了他蒙汉文化交流先驱的地位，他的作品成为中华民族文化宝库中的瑰宝。

1840年林则徐率军在虎门销烟，同时抗击了在美、法两国支持下的英国侵华战争。当年8月英国海陆军再度入侵天津。1841年1月，道光皇帝被迫对英宣战。英军两路入侵，南路攻占了虎台，炮击广州；北路炮击天津海防并登录侵扰。6月，道光皇帝

29

下诏书，命蒙古军队参加抗击入侵天津的英军。6月18日，任土默特右旗协理台吉的尹湛纳希父亲旺亲巴拉将军奉命率领一支精锐的蒙古旗丁队伍，誓师南下入关参战。出发前在台吉府的操场上举行了誓师大会，文武双全的统帅旺亲巴拉将军宣讲忠义，勉励蒙古旗丁有必胜信念，亲自带队出发踏上征途。当年秋，得胜回府，为国家立下了不朽的功勋。那一年尹湛纳希4岁，虽然还是听不懂铮铮誓言的时候，但可以感受到那种壮烈宏大的战争场面，一定会给他幼小的心灵以震撼，对他的成长起着重要的启蒙作用。

孩童时期，尹湛纳希就登上了忠信府四邻的"孩子王"的宝座。他的小朋友中有贵族门庭的子弟，也有贫寒门户的孩子。尹湛纳希带领他们去大凌河游泳、摸鱼、打水仗，到忠信府的后山坡捉迷藏、捕蚂蚱、扣麻雀、抓"红毛鬼子"。每逢过年过节，他们都不约而同地集合在忠信府的大门广场上。尹湛纳希从忠信府院里偷偷地推出一车又一车的二踢脚和小炮仗，并

王庙福会寺留有尹湛纳希足迹

你一堆他一堆地分给小朋友。然后比赛谁放得最多，谁放得最快，还要选出"炮仗大王"。每次评选的结果，总是尹湛纳希夺魁。鞭炮放完了，忠信府门外的广场上，散落的纸屑被风刮得到处都是，府内的奴仆们需要半天时间才能清扫完。

蒙古王爷贡桑诺尔布曾将女儿许给尹湛纳希

在尹湛纳希的小朋友中，不但有凡家子弟，而且还有不少是"光头"小朋友，也就是小喇嘛。忠信府每次唱戏，尹湛纳希总是早早地跑到惠宁寺，把他的光头小朋友事先召

在喀喇沁王府里尹湛纳希度过三年青春时光

集到忠信府，并且安排在首席位置，和忠信府的男女主人们同坐。这件事曾惹怒了忠信府的主人们，当地的一些有权势的贵族老爷，惠宁寺的大喇嘛们也议论纷纷，说这有损协理府的体面。尹湛纳希没有办法央求母亲同意，另搭一个"看台"。这个"看台"是专供尹湛纳希及他的小朋友们使用的，所以忠信府就有了"对台戏"的这个说法。

尹湛纳希小时候爱看书，尤其是《奇门遁甲》，有一次竟然到了走火入魔的程度。他看到书中描写，只要口念咒语，就能腾空而起，还会飘飘忽忽地飞到百里之外。于是他按照咒语念起来。当他纵身一跃腾空而起时，虽然口念咒语，身子却没在千里之外，只是在他纵身跃起的瞬间，他灵机一动抱住了屋

1892年2月15日尹湛纳希病逝于锦州药王庙

尹湛纳希最初墓地

里的梁柁。当他在朦胧中清醒过来时，只见双手抱木悬在梁柁上，上不去下不来。他连忙招呼丫鬟："丫丫快搁！丫丫快搁！"听到他的喊声，外面的丫鬟婆子来了好几个，把他从梁柁上接下来。下来之后他出了一身冷汗，浑身打颤。过了好一会儿，才恢复正常。这次腾空出丑，给他很大的精神刺激，以后他再也不相信《奇门遁甲》这样的巫术了。

枕上春秋 1842年8月29日，清政府与英国签下了屈辱的《南京条约》，割让香港，打开五口通商的门户，并赔款白银2100万两。从此中国沦为半殖民地。土默特右旗忠信府也为此承担了赔款的重压。尹湛纳希感受到了清廷的腐败，20岁以后撰写了许多著名的政论文章，表达了他对当时封建王朝的憎恨和统治阶级的无能。《妒贤嫉能》、《观点不明》、《信不得》、《道者的虚伪》、《佛经与诗书》、《勿忘祖先》都是他精美的名篇。他写作最大的特点是由物而发，他每天睡觉使用的石枕也会给他极大的启示，《论石枕》就是睹物思事的典型代表作。他对封建统治者的残暴、王公贵族阶层的无知以无情而有力的抨击。

"茗茶一杯，古书一部，淡饮深谈"，青少年时期的尹湛纳希过得就是这样的一种悠闲的生活。然而正是这种环境，使他有机会受到充分的文化教育，广泛涉猎文化艺术宝藏，从中吸取艺术营养，为后来的文学创作准备了条件。他在29岁以前很少参加社会活动，专心攻读文史经典，对蒙、汉民族古典文学和中国历史的造诣很深。

尹湛纳希一生从未任过官职。除了写作之外，有时下乡为家里查

旺亲巴勒及其两位夫人墓碑
（左为继室满优什妹即尹湛纳希母亲的墓碑）

田征租。在查田过程中，他亲眼看到了百姓的贫困生活，对百姓富于深深的同情，以至于不仅收不到地租，还要倒给一些银两。因此，农民称他为"有佛心的人"，而家里人却骂他"油瓶倒了不扶，柴米油盐不问，地界租账不和的败家子"。

一次，本旗王爷棍布扎布从京城返回土默特王府，王府内外官员整冠打扮，都去路旁"跪迎"。而尹湛纳希既不整装打扮，也不跪地逢迎，而是腰束草绳，头顶草帽，足踏烂履，身披开花棉衣，携其子宝玑站在最显赫的位置上"逢迎"王爷的到来。棍布扎布看到尹湛纳希的打扮和装束，又气又恨，却毫无办法。

"小诸葛"与海螺神 尹湛纳希爱听戏更爱唱戏，他扮得最成功的角色就是诸葛亮。无论是做派还是演功都赢得了很高的声誉，人们都称他为小诸葛。他还爱跳查玛舞，常常扮演海螺神，他常以海螺神的身份惩恶扬善。

尹湛纳希一生爱好琴棋书画。书：著书立说；棋：棋逢对手；画：典雅传神；琴：千古知音。在尹湛纳希的作品中，他

把自己的书僮取名为瑶琴、宝剑、奇书、古画。尹湛纳希忙时不离笔，闲时不离琴。尤擅剑术。一次，晚上十一点钟，尹湛纳希刚刚读完书准备休息，突然有几个盗贼闯进屋来。这几个人黑布蒙面，几只贼眼四下乱看。用"家什"逼着尹湛纳希拿出银子。尹湛纳希见状："你们不就是要银子嘛！"边说边往床头靠，话音还没落地，尹湛纳希"嗖"地从枕头下抽出凹形金面宝剑，说："你们要银子，得先问问它答应不答应！"说着宝剑翻飞，几个贼人眼花缭乱，忙跪地求饶。以后再也没人敢在忠信府附近为非作歹了。

尹湛纳希《梅雀图》　　　　"江南唐伯虎，漠北衡山豹。"这个豹就是宝，就是尹湛纳希。尹湛纳希经常为贫苦百姓作画。有个老太太喜欢尹湛纳希的画，她求尹湛纳希给自己画一张，尹湛纳希也不计较，刷刷点点，一会儿就成了，老太太如获至宝挂在自己的家里。左图所示《梅雀图》是尹湛纳希唯一的遗作珍品，存放在内蒙古博物馆。

尹湛纳希痛恨帝国主义的侵略行径，对鸦片和罂粟花深恶痛绝。曾把自家和别人家产的有毒植物拔掉而给自家找来不少麻烦。一天，路遇毒瘾很重的宝成，见其狼狈相又气又恨，看其寒酸样又怜又悯。尹湛纳希说：可怜的孩子，师佛爱三宝：青鬃马、德国造鼻烟壶是带彩的紫玛瑙，外带吸毒不怕"大"烟泡。宝成不知道尹湛纳希说这话啥意思，很有兴趣地让他往下说。尹湛纳希又说：抽大烟有三宝，穷的快、死的早、抬着轻巧外带尸首"臭"不了。宝成低头不语了。尹湛纳希因势利导："孩子啊，你要想戒烟的话，宝成，保成，决心一下保准成。"感动得宝成落了泪。尹湛纳希又接济他一些银两。后来宝成真的就戒了烟，曾因其吸大烟当了棉裤而伤心离婚的妻子也与他和好如初了。

尹湛纳希尽自己所能关心百姓疾苦。为了解除当地农民打靛须出高价买灰之苦，尹湛纳希长途跋涉，到虹螺蚬考察石灰的性质和生产技术，同时也了解到故乡的山货在那里是畅销品，随之使运灰的驴驮子有了往来之载，因而大大降低了灰价。当地有个心好能干的张喜国，尹湛纳希就把自己学来的技术教给他，使他很快成为下府一带的高级染匠，当地人送号"张老国"。

下图所示传家砚是尹湛纳希在虹螺蚬考察打靛用灰的时候特意在石场订购的亲自设计图样、绘画题字的"四合一、箱套式、刻字雕花虹螺砚。"有砚盖、砚盘、箱套和砚底四部分；长宽高分别是20公分、14公分、17公分；箱套的四壁通风、腹心镂空、梅瓣鱼眼、玲珑剔透；笔墨水壶，尽贮其中；箱套的两大侧面的刻字分别是"花开"、"及第"，其表面含义是"花开结子、科举及第"，希望后代繁荣昌盛。

忠信府的后山岗名叫凉名台，也称棋盘山。台上摆放着一个石案，上刻有棋盘，石案呈长方形，有六七尺长，四条石腿，四角有插杆子的方眼，可用于夏天搭凉棚用。就是这个石案棋盘还成就了一段尹湛纳希的好姻缘。夏日的一天，尹湛纳希和丫鬟白玉兰到棋盘山游玩，趁玉兰困乏在石盘上脱绣鞋睡觉之

尹湛纳希读过的书和用过的物品

35

际，他偷偷地在一张白纸上描下玉兰的脚底样，量记了尺寸并写下："其色如玉，其腻如绵"几个字夹在手边的《古文观止》中。后来尹湛纳希的原配夫人去世，尹湛纳希勇敢地冲破藩篱与白玉兰结为终身伴侣。

忠信府是一个有很高文化修养的家族，父子数人都是蒙汉兼通。尹湛纳希的父亲旺亲巴拉（1794～1847年）是成吉思汗的第27代嫡孙，汉名宝衡山，曾任卓索图盟土默特右旗的协助台吉，是位文武兼备的爱国将领。在鸦片战争中因功受到清朝政府的嘉奖，致力于研究历史，且又擅长诗文，留有《大元盛世青史演义》前八回的蒙文手稿。旺亲巴拉还特别嗜好珍藏各类蒙、汉、藏、满文的图书，如同曹雪芹的祖父曹寅，也是一位图书收藏家。旺亲巴拉在世时收集了大量的图书，这些图书对尹湛纳希后来走上文学道路产生巨大影响。

旺亲巴拉《酒兴》："欣喜只缘杯中豪，惊闻旧事论风骚。虹散云消岂本意，醉因非酒在清高。"

尹湛纳希的兄长古拉兰萨（1820～1852年），旺亲巴拉去世后承袭协助台吉职务，四年后因病去世。他也是一位造诣很深的杰出的现实主义爱国诗人，他创作的蒙文诗既押韵头又押韵尾，开创了蒙古诗歌的这一形式。他的以反映鸦片战争为题材的爱国诗词，在蒙古族文学史上留下光辉的一页。古拉兰萨还曾将《水浒传》译成蒙文。现保存下来的诗作有70首。

古拉兰萨《祝消灭英吉利侵略者》："狂暴英吉利，侵犯我海疆。我父奏王命，出师扫强梁。"

贡楚纳克（1832～1866年），尹湛纳希的五哥，是一位诗人、学者、画家。他15岁时因父亲去世被过继给叔叔婶婶。因为心情压抑、郁闷，以写诗为乐。还为《红楼梦》写过评论。

贡楚纳克《读书》："富贵如朝露，知友浪淘沙。唯有读书乐，写诗度年华。晨起诵读书，雄鸡高报晓。俗事错纷繁，渐渐生烦恼。"

嵩威丹精（1834～1898年），尹湛纳希的六哥。是一位著名的诗人、学者兼翻译家，精通蒙、汉语言。用蒙文将古拉兰萨未译完的《水浒传》全部译完，还翻译了司马光的《资治通鉴》，在尹湛纳希撰写《青史演义》的过程中，嵩威丹精为他蒙译《通鉴纲目》等参考书。他写作的诗文表达了他对国家前途的忧虑，还有对世俗的无情揭露。

嵩威丹精《权势》："丈夫一时无权，世俗待遇两般。有权来献殷勤，无势显出狗脸。"

尹湛纳希在文学上和思想上取得了这样高的造诣是和他的家庭熏陶分不开的。他的父亲和他的三个哥哥都是诗人和作家，而且都具有反帝、反封建的爱国思想和民主主义思想，这在中外文学史上都是罕见的。

尹湛纳希出生于一个富有正义感和爱国热情的书香门第，使他从幼年开始受到艺术的熏陶，萌发与封建主义相背离的个性解放要求。青少年时除了学习《四书》、《五经》外，《龙文鞭影》、《幼学琼林》、《古文观止》都在他的学习范畴之内。尤其是《红楼梦》、《水浒传》、《镜花缘》对他影响更为深远。附有图画的《白云》诗和《青岩》诗，是他青少年时期的代表作。在这两首诗中都流露出愤世嫉俗的思想。尹湛纳希后来写出反封建的小说，绝非偶然。

《红云泪》是尹湛纳希没有完成的长篇爱情小说残稿，也是尹湛纳希早期的作品。描写了一对青年男女的爱情悲剧。主人公如玉就是他本人。

《一层楼》和《泣红亭》问世于咸丰至同治年间。两部小说，前后故事衔接，可视为姊妹篇，是蒙古族最早由文人独创的以现实生活为题材的长篇小说。它们以尹湛纳希的另一部以历史事件为题材的长篇小说《大元盛世青史演义》一起，开创了蒙古族长篇小说的先河，在蒙古族文学上占有重要地位，在蒙古族文学史上树起了一座令人敬仰的丰碑。

《一层楼》成书于鸦片战争后的三十年间。故事情节以璞玉与炉梅、琴默、圣如三位少女的爱情为线索，展示了较为广阔的社会生活场景。小说中的女主人公炉梅和默琴，是璞玉的大母亲金夫人的侄女，圣如则是贲侯的外甥女。从小他们就生活在一起，与璞玉建立了深厚的感情，但大小封建家长都有自己的选择。璞玉的祖母看上了敦厚

尹湛纳希著作书影

的默琴，贲侯喜欢直率的圣如，金夫人喜欢纯真的炉梅。后来贲侯为巴结上层，命璞玉娶节度使的女儿苏己为妻，婚后不到两年，多病的苏己离开人世，炉梅、默琴、圣如也各奔东西。

在《一层楼》里，还极尽描写了主要人物贲璞玉的恋爱、婚姻及其性格成长历程。作品围绕这一基本情节广泛展开了清代漠南蒙古的社会生活，揭露了封建制度的腐朽、黑暗与没落。贲璞玉是当时漠南蒙古族中正在形成的具有新思想色彩的人物。

姊妹篇《泣红亭》是以璞玉在梦中追寻炉梅、默琴、圣如三人的下落开始的。炉梅的未婚夫是一个专门从事同外国人做生意的年过半百的"洋商人"，默琴的未婚夫是一个姓宋的知县的儿子，也是一个年近半百的富翁，耳聋背驼、奇丑无比。不称心的婚姻和对璞玉不灭的希望，促使炉梅和默琴在成亲之前，一个女扮男装，星夜逃走；一个投江遇救，死里逃生。后来她们在杭州巧遇璞玉，摆脱了包办婚姻。圣如则未婚先寡，

后来由金夫人做主，成全了和璞玉的婚姻。但所有这些都是在璞玉梦中完成的。一切都是空想。

在《泣红亭》中，作者批判了清朝的对蒙政策，鞭挞了封建包办婚姻，表现出对封建社会里妇女之不幸命运、农民之日益贫困和知识分子之没有出路的关注和同情。尹湛纳希体现出的初步民主主义思想和进步的民族观，对我们了解清代漠南蒙古的社会生活和蒙、汉民族之间的文化交流，具有重要的认识价值。小说的结构安排，由于巧妙地运用了倒叙、补叙、追叙、插叙等处理方式，使小说更显得灵活而圆熟，在中国古典小说中可称得上独树一帜，别具一格。

《青史演义》是尹湛纳希的代表作，是尹湛纳希篇幅最长、也是最成功的作品。这篇小说成书于1830～1891年间，前后经历了60年的时间。这是一部未完成的史诗性的作品。描写了1227年成吉思汗逝世和窝阔台继位后九年的历史过程。也就是从12世纪后半叶开始，蒙古的兴起及其对内外的战争。成吉思汗是《青史演义》的中心人物。在尹湛纳希的笔下，他被塑造成贤明的君主，无往而不胜的战略家。他英勇、顽强、仁慈、睿智，能够像中国历史上的汉、唐两代开国帝王一样从善如流，体察百姓的疾苦，团结广大人民于自己的麾下。因此，他不仅维护了祖先的业绩，而且还担负起统一天下的重任。书中的成吉思汗，不是历史人物的简单再现，而是作者自己的社会理想与一定的历史人物和历史事件的结合。尹湛纳希写作时达到了"废寝忘食，夜以继日，竭尽愚才精心考究十部史书，寻来找去几乎达到了神魂颠倒之地步。"

在尹湛纳希之前，蒙古族的文学已经发展到了较高阶段，出现了一批优秀的史传文学作品和短篇小说。尹湛纳希继承和发展了蒙古族古典文学的辉煌成就，揭开了蒙古族文学史的新篇章。他通过借鉴内地古典文学中的优秀成果，将汉族古代章回体小说的艺术形式推广到蒙古族文学中，创作出蒙古族文学史上的第一批章回体长篇小说。

无论尹湛纳希以怎样的书写方式进行表达，都传递与承载了一种责任，表现出了追求光明、向往民主、尊重人性、关注人生、民族平等、反对歧视、文道合一，具有理性文学精神的自觉。文化的力量不仅深深地熔铸在民族的生命力、创造力和凝聚力之中，而且越来越成为一个国家综合国力和国际竞争力的重要组成部分。

尹湛纳希《青史演义·纲要》："这世上的天时地气，由离太阳的远近，地势的高低，形成各地春秋迟早，冬夏寒暑之不同。又由这不同，世上万物也都各自生长有别。同是谷子，山地谷子硬涩，平原谷子柔软。这都是世上的规律，连农家百姓也都能明白，又何必议论淮北为枳，淮南为橘的原因呢?也正因此，生活在这世上的人们也不相同，即便古代的众圣群贤、大福大贵者也有区别，都各自依循由自己品性形成的仁德和才华去行事。同样，各国历朝随着自己的风俗，其经典史传也表现出不同的观念和习性。比如，这世上自然之极美者乃花，但各种花却不同，各自都有一种自己的美；又如这世上自然之至佳味者乃水果，但各种水果却有别，难道不是各自都有一种自己的佳味吗?"

尹湛纳希《青史演义》："本章明的是恩威俩，暗的是福和才能俩；福和才能依赖于恩威，恩又依赖于福和才能。所以，佛祖释迦牟尼生于贵族家族才成为佛。成佛原本在人心，不在家族，可又特别强调家族，目的不是为了便于成佛吗?福是成佛的基础，贵族家族是成佛的入口处。故佛教的福是威，贵族家族是佛教的恩。如若只有威而无恩，无人去敬仰；有恩而无威，无人去信奉。威行于前为恩开路，恩行于后解其威的仇恨，故人们怯威而崇恩。"

尹湛纳希《球形论》："地球如同圆球，逆太阳而运转，太阳则不动，实则地球在运转"。

尹湛纳希《释者的虚伪》："即使是错上加错，认识到以后，也可以改正。可是在正确中出现了错误，却不能改正，那才是真正的可悲啊！释教是对的，其徒弟们除经书之外，目不能斜视，也最是对上对，是中是的。可是，在这正确中也生出了一个错误。是什么呢？全然不晓得经文的'花拉格'（僧侣），却要装扮成极为通晓经文的喇嘛样子，在前面堆起如同山那样高的经书，以此去训斥那些看书（指儒书或其他释经以外的书）的徒弟们。这个失误之祸害，真是太深太重啦！其最大的错误，就如同让不会爬的孩子，做出会飞的样子，彻底断绝了学习之路。"

尹湛纳希第三代子孙希日布扎木斯

尹湛纳希第四代子孙一家

尹湛纳希《泣红亭》："卢香妃的哭是苦，金夫人的哭是辣，福寿的哭是酸，程夫人的哭是涩。寺里供奉的主佛大慈大悲的观世音菩萨，也奉陪这些人流泪。"

尹湛纳希《一层楼》："话说璞玉听得福寿说，葫芦门上插了竹枝，料到是画眉所为，乘此机会，欲炉梅分辩情由，遂飞跑而去，福寿也远远地跟了过来。璞玉远远望去，却不见竹枝，不觉怔了，回头见福寿来，便说哄了他，恼了起来。福寿道：'我如何哄你，想必画眉也为你费心呢！或许因为甚么人进来，又拿下去了，也未可知，我且进去看看。'说毕走进去过了好一会子才出来道：'原来是西府寅二爷的德氏太太和他姑娘，今儿早晨过来给老太太请安，如今回去顺路进来的。我们福晋太太和姑娘们也都在这里，满满一屋子人，我们走吧。'璞玉听了，顿时扫了兴，无精打采地走到凭花阁来。"

尹湛纳希《赏菊》："清晨东园信步游，折来新艳更风流。鬓沾时色千般好，高簪冷香一枝秋。借得清霜常自比，任他小宵笑嗤究。卸罢晚妆忘卸花，香留枕畔凝清幽。"

还是这片土地，还是土地上每天生活着的农人，可他们心里装着的不再是简单的穿衣吃饭，也不再是简单的生产与耕种。

他们离不开土地，更离不开在这片土地上生长着的民族文化，人传承文化，文化被人传承。

文化，亘古传承；文化，无处不在。世上什么都可以消失，只有文化不能消失。

这里是一片神奇的土地，是文化的力量，是自然的哺育才使得这里枝繁叶茂，是尹湛纳希的气息影响着各自领域的人们。

北票人杰地灵，它的花鸟化石让世界震惊，而尹湛纳希更是让北票人头颅高昂，他是北票人永远的骄傲！

神秘青花嫣然绽放

西周卷体夔纹蟠龙盖罍
喀左北洞村青铜器窖藏出土

四千年前，朝阳这块土黄色的大地颇具绿意。古人视青为绿，金色年华，属于时代，金属的最初，铜是始祖：红色的、黄色的，当然最普遍最适用的还是青色的。

我曾经对祖先为什么先炼铜而迷惑不已。铁器是我们目前看来最平常的工具，大跃进时期，小高炉大炼钢铁，我们小学校就有一座炼铁高炉，每个学期我们都要到校办工厂参加劳动，所以我们小学生都是熟练地懂得浇铸，什么样的丝堵、丝帽是正品，什么样的是次品，并练得火眼金睛，一眼就可以识别出来。20世纪60年代留学苏联的伯父回国后被任命为洛阳铜加工厂的总工程师，在那里我见识了不同种类的铜器。伯父不厌其烦地为我解释各种疑问，于是我不再在这个基础问题上纠缠，而是面对各种出土于朝阳的青铜器每每发呆。

青铜器引领着我在朝阳的领地上神游。从喀左的山咀子乡海岛营子村马厂沟到平房子乡北洞村南孤山子和山湾子村，到坤都营子乡小波汰沟再到建平县的榆树林子、孤山子、太平庄及朝阳县的大庙乡，横断辽宁省西部大凌河流域110公里的地域内，发现了七十多件商周青铜礼器，明确地集中在大凌河的中上游，当然小凌河川、老哈河川也有发现。

大约在六七千年以前我们的祖先就发现并开始使用铜。1973年陕西临潼姜寨遗址曾出土一件半圆型残铜片，经鉴定为黄铜。1975年甘肃东乡林家马家窑文化遗址出土一件青铜刀，这是目前

43

商方鼎
喀左北洞村青铜器窖藏出土

在中国发现的最早的青铜器。在西藏出土过挂钩青铜、鹏鸟合金铜托架，意为"霹雳铁"或"天降石"，认为是神的法力化作霹雳、射精灵于九层地下，以后逐年长出地面，是神圣的天赐之物，佩戴身上可避邪、避雷。全国各地的青铜器虽然与西亚、南亚及北非青铜器比较而言，中国青铜时代的到来较晚，但却不能否认它起源的独立性，因为中国存在一个铜器与石器并用时代，熔点低、性情弱，于是就在铜中加入锡，合金生成，以求硬度。朝阳发现的青铜器都是中国青铜器鼎盛时期的产品，包括夏、商、西周、春秋及战国早期，延续时间一千六百余年。"国之大事，在祀及戎"。对古老中国，最大的事情莫过于祭祀和对外战争，因此形成了具有中国传统特色的青铜器文化体系。器皿主要分为礼乐器、兵器及杂器。礼器是在古代繁文缛节的礼仪中使用的，或陈于庙堂，或用于宴饮、盥洗，还有一些是专门做殉葬的冥器，带有一定的神圣性，不能在一般生活场合使用。礼器数量最多，包括烹炊器、食器、酒器、水器和神像类，这一时期的青铜器装饰最为精美，文饰种类较多。觚、爵是整个殷商时代青铜礼器组合的核心，其使用套数的不同，反映了墓主不同的等级身份，它是研究殷商社会等级制度的主要依据。鼎是重器，是青铜礼器中的领衔器类。司母戊大方鼎是中国青铜器的扛鼎之作，作为中国的象征现在仍被广泛陈列于博物馆等一切与文物有关的场合中，它在殷商社会青铜礼器的组合中始终占有重要位

西周"登𥦤"方罍
喀左小波汰沟青铜器窖藏出土

置。有学者认为："铜方鼎是青铜礼器中的核心器物……它是贵族奴隶主'明贵贱、别等列'的标志，亦是统治阶级的权力和地位的象征"。

兵器出土最多的是短剑、铜镞。吴越宝剑，异常锋利，名闻天下，干将、欧冶子等铸剑师因而扬名。有的宝剑虽已在地下埋藏两千多年，但仍然可以切开成叠的纸张。越王勾践剑等一些剑，其表面经过一定的化学处理，形成防锈的菱形、鳞片形或火焰形的花纹，异常华丽。青铜器在制作技术方面，有的采用锻打，有的采用范铸造，其他的浑铸、分铸、铸接、叠铸技术非常成熟，后来无需分铸的失蜡法工艺技术，无疑是青铜铸造工艺的一大进步。东周时出现了制造青铜器的技术总结性文献《考工记》，书中对制作钟鼎、斧斤、弋戟等各种器物所用青铜中铜锡的比例作了详细规定。三燕时期的大凌河岸边有一个人可制鸳鸯剑，据说也是锋利无比，还有一段故事流传。

白（伯）矩牟（作）寶隝（尊）弊

西周"伯矩"甗
喀左山湾子青铜器窖藏出土

好东西总有好去处，北京故宫博物院，尤其是辽宁省博物馆的抢眼收藏大都出自朝阳，至于青铜器在此虽不是原创，纵观器皿仍叹为观止。一类是殷民所遗铜器，喀左山湾子所出舟父甲卣盖、车卣、亚凰簋；马场沟所出匽侯盂，有带有被解释为"孤竹"铭文的器物，鱼觯、鱼簋、菁卣；小波汰沟所出登逆方罍、子方鼎、天黾方罍等都是殷族和北方民族方国所遗铜器。一类是殷代亡臣的铜器，喀左北洞2号坑出土的斐方鼎、腹、底两铭28字，是研究殷周箕国历史的重要铜器，以此来证明"其侯"；更多一类是由中原输入，器具上明显看到与中原地区出土的形制统一，纹饰一致。

西周"鱼"尊
喀左山湾子青铜器窖藏出土

还有一部分族属于地方青铜器。孤竹国的铜器群，喀左北洞所出亚微罍铭六字："父丁孤竹亚微"，即孤竹君亚微为其父丁所作的铜器；芮族铜器群，喀左和尚沟出土两卣，已对"扇形"端金镯，可能是孤竹国竹侯或贵族妻室墓。台父辛铜器群，喀左北洞村2号坑出土一件殷末铜鼎，铭："台父辛"，台族铜器全国各地都有出土，可见台族的支系很多，而"台父辛"乃是北方的一支。土方铜器群，如今的老哈河和牤牛河流域，这里的青铜文化也称作土方文化。

朝阳青铜器一出土总有惊人的与众不同，喀左小波汰沟出土的大铜鼎和北洞2号坑所出土的斐方鼎，造型、花纹和铭文在全国都是不多见的。青铜器中涡纹圆罍很多，仅朝阳地区就有十多件发现，它可以按圈足高矮配对，喀左县小波汰沟、马厂沟和朝阳县大庙村各出土两具都成对，北洞一号坑出土的五具恰成两对半，知尚缺一件矮足，这事饶有趣味，使我们对殷代涡纹铜罍有了新的认识和断代标准。还有兵器出土是朝阳青铜出土的重中之重，特点也更突出。喀左老爷庙乡青铜短剑墓为单人直肢仰身葬，头东脚西，铜戈、铜铃、带柄罐置于头部，青铜短剑、带钩、铜环、圆柱形饰件、双耳壶等出于左侧腰部。短剑有剑身、剑柄和枕状器组成，是战国时期的产物，少见于出土的其他短剑类型。喀左的和尚沟出土的"喇叭口"铜耳环，"扇形端"金镯都是这个地区特殊的装饰品，这类

西周鼎
喀左北洞村青铜器窖藏出土

46

装饰品的流行，加强了地方民族方国青铜文化独特的作风和习尚。金文的发现，为探索汉语的形成和发展，增添了新的语源和形体，在文字学上价值很大贡献突出。铭文的再认识对研究我国的古文化、古民族、古国有着极大的意义。夏、商时代的孤竹国和土方，包括东胡族在铭文中都有发现，从而为研究这些方国民族历史和辖境范围，提供了确证。山湾子窖藏出土的牛纹罍、饕餮瓶、花儿楼窖藏的瓿和马厂沟窖藏出土的饕餮纹瓿四件，具

王茔于成周
王易（赐）
宝搏（尊）
彝
圉具用乍（作）

西周"圉"簋
喀左小波汰沟青铜器窖藏出土

有本身特质。饕餮纹，本来就有浓厚的神秘色彩，《吕氏春秋·先识》篇内云"周鼎著饕餮，有首无身，食人未咽，害及其身。"这里让土著充分演绎。尽管铜质低劣，并有许多铜液浇铸之际冒出来的气泡形成许多砂眼，更有的应该形制的统一，

青铜短剑
喀左南洞沟出土

青铜异形戈
喀左梁家营子出土

由于技术上的原因形成了差异，但毕竟具备了当地的特点；尽管这里有了铜产业，也很虚心地向中原学习，但还是因为技术不到位而有很大的差距。仅仅是模仿，意味着青铜产业的开发欠缺；尽管自己制作的青铜器不是很出色，却也不是所有的平民百姓所能够拥有的。但从窖藏的情况看，种类纷杂，外来的种类较多，说明铜器有可能是单个地被带进该地，不仅输入了许多大型器物，同时也仿造了许多大型器物。需要和制造的意识，独创出属

47

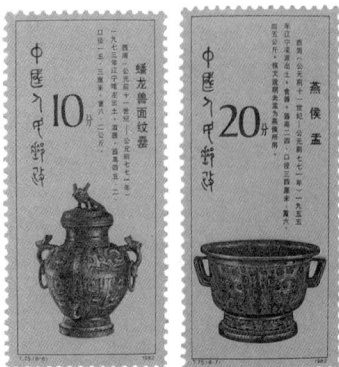

1982年中国人民邮政总局发行的
喀左西周青铜器邮票

于自己的青铜文化。

至此，我发现一个很有意思的问题，文中所举实例大都与喀左有关，喀左地处大凌河上游地区，在春秋战国时期正属燕国与山戎、东胡等民族相邻地区，民族之间来往非常频繁，文化经济领域相互交流反映在文化遗物上表现为既有中原特色又有独特的地方特点。当然建平孤山子、榆树林子、太平庄也有青铜器的出土，而且与窖储不同的是墓葬。有曲刃短茎青铜短剑、銮铃、铜斧、铜刀、双钮铜镜、铜镞、铜矛、当卢、勺形器、铜盒、铜扣、铜锤斧、鸭形铜扣等兵器和饰品，还有一把刀，既是工具又是餐具，一具多用足见智慧。

理顺了青铜器的各种思路，我如释重负。铜如金，贵重，古人将其称为愚人金，很实在很幽默的称呼。面对青铜器，如今我就是一个愚人。1982年我国邮政总局发行了一套四枚的邮票，上有青铜器，朝阳出土的，大概是源于它年代的久远，工艺的精美，视角的开阔，种种方面与现代人的审美暗合，使这种品质的器皿从起始到流传，代代不息。青是色彩，花是斑驳，花开花落，总在不经意间绚烂。

秦开：人质的叙说

也是在秋天，中原的土地没有一棵庄稼，北方的草原没有一棵草。一条马蹄踏过的土路上烟尘四起，黄沙飞扬。一支步行的队伍拖拖沓沓由南向北，队伍中的人肥衫长裙，不论男女，不论老幼，色彩斑斓。队伍的前后左右时常有策马而过的匈奴人，穿着褐色的衣裤，挥舞着手中皮质的马鞭，驱赶着步行的中原人加快步伐尽量在天黑前抵达。步行的队伍中还有一位少年，一看便知中原人士，可他却斜坐马背，他不会骑马，他的裙服不允许他驰骋天下。他没因烟尘的相随而黯淡无光，反而不失风度的翩翩，少年一定不是寻常人家的孩子。果不其然，他是燕国旺族之后，此行作为人质前往胡地。

他叫秦开，后来成为燕国大将。"燕有贤将秦开，为质于胡，胡甚信之。归而袭破走东胡，东胡却千余里，与荆轲刺秦王，开之孙也""后子孙稍骄虐，国人离志，燕乃遣将秦开攻其西方，取地二千余里，至满番汗为界，朝鲜遂弱"。《史记·匈奴传》《三国志·东夷传》都有记载。

战国时，朝阳属于燕地，北部，是进入中原出入东北、内蒙地区的重要门户，特殊的地理位置，使其成为边防重镇和兵家必争之地。那时也是北方游牧民族活动的频繁期和燕国各方面的薄弱期，于是燕北成为中原王朝和北方游牧民族较量的主要战

建平县烧锅营子燕长城

场，一时间烟尘滚滚，马嘶人噪。最后有燕长城为证。

也许是北方游牧民族所处地理位置的差异，没有多少粮食可以果腹，更没有中原精细的衣饰可以安逸，他们有的只是一望无际的白云和地上奔走无常的牛羊。为了生存，他们南下。依仗着自己强壮的体魄，骚扰中原，横行乡里，烧杀抢掠，燕地边城的居民只能背井离乡，丢下身后曾经的故乡。

秦开就是在这样的一次掠夺中被强势的胡人作为人质走进东胡的，当然也是燕为避锋芒，行此计策。

晨阳下，炊烟里，在母亲无数次的张望中，在胡地他再也没有吃过母亲亲手煮的温软而馨香的米饭，而是生硬的牛羊肉。于是我似乎看到，外出时，秦开脱去长裙，换上短裤，第一次正式骑在马上，这是一次飞跃，一次前行，一次义无反顾的尝试。

入乡随俗。接受胡人的习惯不过是件最小的事，也是最容易做到的事。其实他还有更大的事要做，而且要做得天衣无缝。这需要智慧。乖巧的秦开处事谨慎，为人的小心使他很受东胡的信任，于是他借机了解东胡的地理环境，掌握虚实，通晓风情，熟悉战略，并默记于心。

茫茫草原，归心似箭。不归之痛，时时侵扰。

难，更要前行。一次贩马途中，蓄谋已久的秦开脱离了队伍，恰巧燕国的队伍巡防经过。他被带回中原。回国后，秦开被任命为大将，开始了他训练兵士生涯。此时燕国国君为历史上有名的燕昭王（还有一说，说秦开却胡的年代在武成王），随着昭王励精图志，燕国国力已经逐渐强盛，眼看东北边境人民遭难，他下定决心彻底平定边患。对于带兵打仗的人选，他思考了很长时间，最后决定将率军驱胡重任交给在东胡做过人质的秦开。秦开是燕国名将，非常富于作战经验，久经沙场，百战百胜，并对东胡的情况十分熟悉，公元前283年秦开率军迎战东胡，燕军自西向东，由妫水流域（今延庆境内）向密云地区的渔水（今白河）、鲍丘水（今潮河）流域推进，一路斩关夺隘，马踏平川，东胡军虽奋力抵抗，却无法阻挡燕军凌厉的攻势，只得一路退却，燕军乘胜追击，接连收复失地。在连连胜利之下，燕军士气更加旺盛，一鼓作气向东北追歼东胡。抵抗无用，一直退却到千余里外的今西辽河上游。此时的秦开站在燕北边地，谋划安定策略。效法赵国，动员军民大修障塞，于是长达两千多公里的燕国北长城现在依旧存于今天的建平北部，只是其中的一段，虽经风雨的侵蚀，残存破败，却也依稀可辨。燕又在广袤的新领土上陆续设立了渔阳、右北平、辽西、辽东诸郡，燕在幅员上一跃超过赵齐越三国，仅次于秦楚，在列国中位居第三。

一路的踏访，我还是不能准确地叙述秦开却胡的完整经过。因为秦开的叙述也是断断续续不甚完整，更何况史书记载不多，但在同一时期发生的"赵武灵王胡服骑射"记载较为详实。

在拉锯一样的战争中，交流是互相的。不论中原汉族还是边疆少数民族，他们在春秋战国时期的文化大背景下，共同有着开放的思维谦卑的心态。中原不以大民族正统而自居，能够虚心向胡人学习。东胡以游牧为主，生于苦寒之地，对迁徙、运动交流和适应四季鲜明的北方气候有着相对实用的先进经验和技术。胡服——即当时北方少数民族东胡人穿的衣服。他们是最早穿裤子的民族。胡人的服装不单单方便于骑马和抵御冬季的严寒，和中原地区的服饰相比较，它更适用于生产、生活需要，中原服饰的不便以至于秦开做人质之初，不能骑于马上。

至于骑射，战国以前中原人只是用马匹来驾车，没有想到用其驮运货物。赵武灵王和秦开学习并且使用了胡人的方法。广泛地将马匹运用于驮运。"一骑红尘妃子笑，无人知是荔枝来。"提速了嘛，使得妃子也有了口福。尤其是将骑兵大规模地使用于战场。学习胡人的服装服饰，对马匹的广泛使用，不单单是赵武灵王强大了赵国，秦开为燕国拓疆三千里强大了燕国，还对当时的社会和我们的民族文化产生了深远的影响。

相学之风，成为时尚，而这种尚学之风一直维系到唐"安史之乱"以前。汉唐时期空前的盛世也应该是一种必然。人们没有所谓的正统、中心之国、汉民族唯我独尊的狭隘民族主义情结。从春秋战国的百花齐放、百家争鸣到汉朝的文景之治、光武中兴乃至唐朝的贞观之治、开元盛世，民族文化空前活跃，生产力高度发展，汉唐之风对今天的中国乃至世界都产生了巨大影响。

2007年的10月，在首都博物馆我参观了古希腊雕塑艺术展，来自卢浮宫的178件展品让我大饱眼福且兴奋不已。这些作品是世界雕塑艺术的巅峰，说明古希腊的文明对世界产生着深远的影响。与之相对应的春秋战国时期，西方还有政治、较强大的罗马帝国和文化、科技，但就综合国力而言，西方世界比我们要逊色得多。这一点从巍巍壮观的匈奴西迁引发欧洲人的大迁徙可以得到证实。

广泛的"胡化"现象，正是当时融合有欧亚大陆草原文化的北方民族文化进入中原汉文化区域的表现。正如苏秉琦先生所言："'五胡'不是野蛮人，是牧人。他们带来的有战乱，但不止是战乱，还有北方民族的充满活力的气质和气魄。"而正是这种气质和气魄，使中华民族文明得以增添新鲜血液，并向更深、更广的领域发展。也正是这种气质和气魄，使东西文化的交流与交往呈现出前所未有的局面，并为隋唐时期东西文化交流的进一步发展并达到鼎盛，奠定了坚实的基础。

时恰金秋，生命进入了秋天也就进入了思索。站在秋阳下，微笑着抹去额上细细密密的汗滴，默默无语，安安静静，从从容容。

曹操：登白狼望柳城

　　"日月之行，若出其中。星汉灿烂，若出其里。幸甚至哉，歌以咏志。"刚刚合上曹操的《观沧海》，扑面而来的却是建安十二年，公元207年8月，一个炎热的夏天。身长七尺，细眼长髯的曹操，站白狼山脊望山下袁氏的数万骑兵，心里暗暗吃惊，自己骑兵刚近万人，且行军疲惫，如何对付得了数万敌兵？脚下的白狼山此时犹如真正的白狼，眼眸的光芒让人阵阵胆寒。最起码这具备了狼的野性。这是争夺之战——柳城，柳城之战。

　　汉柳城、燕柳城和隋唐柳城我一一经过。这里所说的是汉柳城，在今辽宁省朝阳县十二台乡袁台子村。"柳城"之名的来历，史书上并无记载，只凭我在民间听到的口述"柳仙"变"柳姑"，不管"柳姑"的传说是真是假，"柳城"的名字还是和柳树有关，即盛长柳树之城。

　　而白狼山，在喀喇沁左翼蒙古族自治县驻地大城子镇南30公里，为山嘴子镇和白塔子乡的界山，松岭余脉。呈东北—西南走向，延伸12平方公里。主峰海拔881米。《汉书·地理志》中说：白狼县有白狼山，故以县名。又据史书记载：十六国后燕慕容垂曾北平乌桓，为占领有利地势进入白狼城。慕容熙时置白狼县。汉称白狼山，北魏称白鹿山，清初为大羊石山，现地图标为大阳山。"绝顶人险红日近，极东海与白云连。"站在山顶可望渤海日出。

　　柳城之战，是曹操戎马生涯中长途奔袭的艰难一战。乌桓，亦作乌丸，原与鲜卑同为东胡部落之一。自匈奴击破东胡后，乌桓役属于匈奴。后来汉将霍去病击破匈奴左地，因徙乌桓于上谷、渔阳、右北平、辽东、辽西五郡塞外，并在幽州置护乌桓校尉，监领乌桓，使不得与匈奴通联。

作者小憩

喀左大阳山

新莽建立，乌桓又降匈奴。东汉初，乌桓常与匈奴联兵扰乱代郡以东各地。光武时，乌桓一部南迁，并置乌桓校尉于上谷宁城。

汉末大乱，朝廷屡次征乌桓部落镇压起义。后来，张举、张纯等造反，利用幽州乌桓，寇掠青、徐、幽、冀四州，屠戮百姓。《三国志》记载："三郡乌丸承天下乱，破幽州，掠有汉民合十余万户。"公孙瓒，刘虞和袁绍也都利用或者对抗过乌桓。初平元年（公元190年），辽西乌桓大人丘力居死，其侄蹋顿即位，有武略，统一辽东、辽西、右北平三郡乌桓。"蹋顿又骁武，边长老皆比之冒顿"。当时他们活跃在今天大小凌河以及科尔沁草原一带。袁绍灭公孙瓒占河北，又占三郡乌丸，"宠其名王而收其精骑"。《汉末英雄记》记载，袁绍在给乌桓的文中说："控弦与汉兵为表里，诚甚忠孝，朝所嘉焉。"曹操攻南皮时，乌桓就蠢蠢欲动，二袁投奔更是直接导火索，曹操北征乌桓势在必行。

建安五年（公元200年）曹操破袁绍于官渡。建安六年在仓亭再败袁绍。建安九年占领邺郡。建安十年斩袁谭于南皮，袁尚和袁熙投奔北方乌桓部落。夏四月，乌桓攻鲜于辅于犷平，秋八月曹操赶到，将乌桓逐至塞外。建安十一年四月破壶关，秋八月东征海贼管承，彻底解除关内的忧患；同时，曹操开始着手准备北征辽西乌桓，由董昭负责开凿了两条漕运：平虏渠和泉州渠，便于运粮北上。建安十二年（公元207年）五月，曹操率领大军抵达无终（今天津市蓟县），兵临塞口，准备出滨海道，过碣石，进攻柳城。从这次随从曹操北上无终的将领来看，除了本地人，还有骁勇的"骑将"张辽、徐晃、张郃、张绣、韩浩、史涣、鲜于辅、阎柔、曹纯；另外有郭嘉等谋士数人。大军即将启程，天公却不作美，夏秋季节大雨连绵，"浅不通车马，深不载舟船"，

"傍海道"泥泞一片。于是曹操在徐无山（今河北玉田东北二十里）请出了当地的"地理通"——田畴。田畴引导曹操走"卢龙塞"。"卢龙塞"是著名的古道，《三国志》记载："旧北平郡治在平冈，道出卢龙，达于柳城；自建武以来，陷坏断绝，垂二百载，而尚有微径可从。"这条路就是今天河北喜峰口到冷口一线，这条路上有几个著名的历史故事贯穿。东晋时前燕慕容儁进兵中原，经由此塞；明末皇太极避开袁崇焕的山海关防线，从喜峰口突进遵华，进围京师，使崇祯逼死袁崇焕，史称"己巳之役"；日本侵略中国时，国民党二十九军在喜峰口抗击日军，阻止其进关，在此血战。英雄之路，沧桑之路，一一走过。

七月，曹操抛弃辎重，从无终出发，命人在滨海道旁立个牌子，上书："方今暑夏，道路不通，且俟秋冬，乃复进军"，表面是通令全军的路标，表面导致麻痹。乌桓人真的看了，"诚以为大军去也"，于是高枕无忧。许多事情因单纯而丧失。乌桓无论如何没想到曹操会出卢龙塞。在田畴的带领下，曹军过卢龙塞，出关，一路逢山开路，遇水搭桥，尤其是塞外"五百里"绝地，大大延缓了曹军的行程。直到到达平冈一带，曹军才真正可以急行奔袭。实际上即使是到了平冈，离柳城还是有百余公里的距离。曹操真不愧是战术大师，曹军一直急行军到距离柳城不足二百里的白狼山附近。二袁与蹋顿、辽西单于楼班、右北平单于能臣抵之才仓皇集结数万骑向西迎敌。两军在白狼山遭遇。这是场遭遇战，其实也是场决战。如果曹操战败，那么曹军势必在辽西全军覆没，卢龙塞口，滨路汪洋，没有退路。如果乌桓战败，那么他们的柳城势必失守。当时乌桓的优势是以逸待劳，兵马盛众，但他们面对曹军的到来却措手不及，而且和其他游牧民族一样，他们单兵能力强，整体作战弱。曹操的优势是出其不意，手下都是勇冠三军的猛将和百战余生的精锐骑兵和"虎豹骑"。

八月，在白狼山出现了文章开头的一幕。曹操登白狼山观敌阵，看到乌桓军阵不整，阵形松散，便命令张辽、张郃二人为前锋冲阵。别人也许害怕，张辽可不怕，他"劝太祖战，气甚奋"，曹操看他气吞山河，勇猛无畏，"壮之，自以所持麾授辽"，张辽拍马下山，直冲敌阵，在张辽的带动下，曹军的精锐骑兵与乌桓骑兵在白狼山下相撞。徐晃、张郃、韩浩、史涣、鲜于辅、阎柔、曹纯奋勇争先，数万骑兵的大混战，血流成河，尸体成山。

乌桓原本就人心惶惶，一看曹军如此勇猛，其阵行开始崩溃，混战中，曹纯麾下虎豹骑"获单于蹋顿"，人头落地。乌桓群龙无首，最后终于被杀得七零八落，"死者被野"，三郡乌桓的主力骑兵在这场决战中开始全面崩溃。《三国志》记载："虏众大崩，斩蹋顿及名王已下，胡、汉降者二十余万口。"白狼山之战曹操大获全胜，并一举平定了三郡乌桓的"亲袁势力"，直接占据柳城。曹操大破乌桓，占据柳城，袁尚、袁熙投奔辽东公孙康。不久，公孙康杀二袁，归顺曹操，这就是著名的"隔岸观火"。至此，曹操北征之战大获全胜。九月，曹操从柳城胜利回师。曹操此次作战，历时近一个月，行程400余公里，其中包括无数的山河险阻，难行之地，还有一次大型遭遇战，解除了"三郡乌桓"对中国北部的威胁，扫清了袁氏的残余势力，彻底统一河北。并且收编乌桓精骑，增强了自己的军事实力。曹操在敌我相搏中成就自己，成就霸业。

建安十二年九月，曹操从柳城班师，此时滨海道可行，曹操途经碣石，策马上山，遥望渤海，回想自己功盖寰宇，意气风发，于是留下《观沧海》："东临碣石，以观沧海。水何澹澹，山岛竦峙。树木丛生，百草丰茂。秋风萧瑟，洪波涌起。"一千七百四十七年之后，毛泽东写下了《浪淘沙·北戴河》："往事越千年，魏武挥鞭，东临碣石有遗篇。萧瑟秋风今又是，换了人间。"两个伟人，一种心境，只是时过境迁，物是人非而已！

北齐：文宣帝讨契丹

想起北齐的建立就会想起一句成语——巧取豪夺。活了30岁的高洋是北齐王朝的建立者。公元549年，他在由丞相被晋封为齐王之后，很快就废掉了自己的姐夫——孝静帝，自立为皇帝。他的父亲高欢，既善领兵打仗，又老谋深算，除掉众多政敌，当上北魏的大丞相没多久，就逼走了北魏的孝武帝，另立孝静帝，由洛阳迁都邺城，使北魏分裂成了东魏、西魏两个国家。此后，他把女儿嫁给孝静帝为后，常驻晋阳，和他的大儿子高澄一起，专擅东魏的朝政十五六年。高洋是高欢的二儿子，与其父和他的大哥一样颇有心机，在高欢和高澄相继病亡和被杀以后，乘势控制了摇摇欲坠的东魏朝政。

高洋同样特别能领兵打仗，而且治军有方，有谋有略，敢作敢为。那一年的秋天，盘踞在辽河中上游的契丹人侵犯北齐边塞。时年24岁的高洋御驾亲征，在入冬时节率领大军北讨契丹。契丹，属于文鲜卑的一支，自4世纪中叶起，在内蒙古东南部的"松漠"地区发展起来。他们"鲜卑故俗，便于马鞍。随水草迁徙，则有毡车，任载有大车，夫人乘马，亦有小车，富贵者加之华饰。禁制疏阔，贵适用而已。"所以契丹人早期的手工业，基本上是自给自足的形式，贫富之间的差距，主要在装饰上，并无严格的等级限制，追求的是适用。不过领地和资源总是相对较少，生存就要强夺，没办法的事。

皇帝御驾亲征，率领兵马走曹操北征乌桓之路，由平州境内从西道越长堑，至白狼城，并诏司徒潘相乐率精骑五千自东道直奔青山，复诏安德王韩轨率精骑四千断契丹军队的后路。一日，与契丹人交战，作为一国之君的高洋，身先士卒，与士兵们一起翻山越岭，日夜不息，行千余里，露头袒膊，指麾奋击，大破契丹的军阵，致使契丹犯境的军队全被歼灭。

公元553年，即天保四年，高洋从东北打仗归来，在冬十月"丁未，至营州"，"丁巳，登碣石山，临沧海"，也就是说，戎马倥偬的北齐文宣帝高洋，是在冬十月下旬自辽西作战归来，附庸风雅，追踪魏武帝曹操"东临碣石，以观沧海"。面对曹操的"星汉灿烂"，面对沧海的"洪波涌起"，高洋弄了一帮文人也无济于事，不过高洋也是智慧的，没有文韬就来武略，于是那个地方就有了一个"把式场"的雅号，这个不行就来那个，总之不能污了一世英明的雅号，找个别出心裁的方式让后人记住并纪念。

辽代石雕像

唐·太宗：柳城祭兵士

天，冬天来临前沉郁的气象。辽西的大凌河没有了夏日的奔放，却也不是冬日的肃杀，此刻大凌河水懂事地安静地向前流去。岸边，一身素缟，雪白披袍，素色纶巾，器宇轩昂的男人一脸悲怆："上天有灵，大地有情，接纳我血染疆场的英勇男儿……"场内一片肃穆，场外杀猪宰羊祭天祭地为在唐太宗东征高丽战死疆场的两千多士兵做最后的祈祷。远远地，我依旧分辨得出，那个白衣素巾声情并茂慷慨祭文的人正是唐太宗。幸好皇帝的君临，让百姓的我一睹风采。

高丽是生活在东北的一支少数民族。贞观十六年十一月，高丽大臣盖苏文杀其王高建武，立高建武侄高藏为王，自称莫离支。是年，百济攻占新罗40余城，复与高丽连兵，谋绝新罗入唐之道。十七年九月，新罗向唐求援，唐于次年正月遣使至平壤劝盖苏文罢兵，遭拒绝。太宗得知，欲亲征高丽。七月下令造船400艘载运军粮；遣营州都督张俭等率幽、营二都督府兵及契丹、奚、靺鞨等部先击辽东，以观其势；任太常卿韦挺为馈远使，河北诸州皆受其节度；以太仆少卿萧锐运河南诸州粮入海。

十一月，太宗至洛阳，以刑部尚书张亮为平壤道行军大总管，领兵4万余，战舰500艘，自莱州（今属山东）渡海直指平壤；以太子詹事兼左卫率李勣为辽东道行军大总管，领步骑6万及兰、河二州胡族兵马直趋辽东，与张亮合势，水陆并进。不久，诸军云集幽州（今北京城西南）。十二月，太宗诏诸军及新罗、百济、奚、契丹分道击高丽。

十九年二月，太宗亲佩弓矢从洛阳出发东征趋幽州。李勣军发柳城（今辽宁朝阳），向怀远镇虚张声势，而实则潜师北进。四月，李勣军出其不意地从通

朝阳唐墓出土的陶俑

朝阳唐墓出土的陶马、驼

定（今新民西北）渡过辽水，进至玄菟（今沈阳东），高丽大惊，城皆闭门自守。五月，张亮等率舟师渡海袭占卑沙城（今辽宁大连市金州区东大黑山），俘8000口。李勣军进逼辽东城(今辽阳）下。盖苏文以步骑4万援辽东，李道宗领骑4000迎击，李勣引兵相助，大败其援军，斩千余人。太宗渡过辽水，撤桥以坚军心，并亲领精兵与李勣围辽东城，杀高丽兵万余人，获城民4万口。六月，李勣攻白岩城西南，太宗临其西北督战，迫高丽守将孙代音投降。在攻安市城(今海城东南营城子），战斗中李勣领步骑1.5万人于西岭列阵；命长孙无忌领精兵1.1万为奇兵，自北山出狭谷，攻延寿侧后，自领步骑4000，隐蔽于北山上，并告诸军闻鼓角声即齐出奋击。次日，长孙无忌军开始行动，军士薛仁贵着白衣率先冲入高丽援军阵中。七月，太宗移营安市城东岭，八月又移至城南，李勣认为，越过安市而攻建安后经过几次战役，双方形成对峙。太宗见天气日益寒冷，粮食将尽，不宜再攻，遂于九月十八下令撤军。

贞观十九年(公元645年)阴历十月十一日，唐太宗班师途中来到营州(今朝阳)召开追悼大会，亲自祭奠战死者亡灵。太宗认为这次东征不算成功，损兵折将两千，战马损失十分之七八。于是颁发诏书，命令各路军把阵亡的士卒骸骨收集起来，葬于柳城（今朝阳县十二台乡袁台子村）东南，又亲祭将士，操起狼毫在素宣上泼墨写下行行祭文，令随从大臣和战死者亲人十分感动。其父母闻之："吾儿死而天子哭之，死何可恨。"太宗在朝阳逗留10天，处理完善后事宜，于十月二十一日离去，"从飞骑三千人，驰入临榆关。"得人心者得天下，贞观之治盛景的出现不是偶然。

60

对岸的温暖

　　天还没亮透，从斑斓的槐的疏影中我便见到了刘五、刘海兄弟俩早早地起了床，梳好了长长的辫子，绕脖子一周又荡在胸前。望了一眼远处黑黝黝的山林，蹲在屋地当中，借着明明灭灭的灶火，稀里哗啦地扒拉小米捞饭，佐以烤肉，这是最重大出征之前的犒劳，平时舍不得吃的东西今天管够。

　　昨晚，我就听他们的母亲叨念着，儿子们就要去干大事业了，就要去帮助河对岸的本家刘百通造一座桥，一座连通渗津河两岸的桥。虽然与刘百通是亲戚，彼此站在河边就可以拉家常，却感觉不够亲近，情感上有着距离，一定是隔着水的缘故。虽说渗津河只是大凌河的一条支脉，但它也承接着沟沟岔岔流注过来的水。冬季还好，可以跑冰，夏季洪水"撒欢"，影响出行，是季节误了好事。什么事也大不过男女之事。这边的姑娘甜甜地唱着情歌诱惑着刘百通，刘百通在那边心急如焚。应该说刘百通也是当地名人，不然他怎么有能力来主修一座桥。但不管他的身份地位如何，在男女这层关系上，他和所有的男人都一样，看上了哪位女子也必须到女方家呆上三年，侍奉岳父母，承担各种劳作，然后才能把姑娘带回家。此时一河之隔的刘百通只能是望河兴叹。想去去不了的无奈，不为别的，路不通畅，为了女人，男人肯下的就是力气。

　　不过，女人只是其中的一个缘由，关键的是刘百通家毕竟是有些实力的，他家是当地的富户，有铁铧犁、锄、镢、铡草刀和双股㩷叉，仅铁镰的样式就有直刃细柄、曲刃裤柄和钹镰式的三种，是农业大户。他家还有铁矿，挖矿石、冶铁，打造兵器、炊具、生产工具和刑具，是农业大户同时也是经济大户。造桥对他来讲是方便更是责任。

　　刘五、刘海出行造桥的那天，在队伍中还有一人，年龄与他们不相上下，那是他们的父亲，原来是他们的叔叔，爸爸死后，叔叔娶了他们的母亲，邻居家的情形和他们家差不多，没什么大惊小怪。那时的女真人都这样，父亲死了，儿子可以娶他们的母亲，哥哥死了，弟弟可以娶他们的嫂子，叔伯死了，侄子可以娶他们的婶婶，因而男人不论贵贱，常常有几个妻子共同生活，虽然后来实行了一夫一妻制，但还存在着"妻母报嫂"的习俗。择偶，也由长辈决定，贫苦人家的子女顾不上讲究这些，在选择配偶上享有较多的自主权，贫苦有时是好事，在感情上可以选择不必太压抑，比上等人家指派强得多。刘五、刘海家就是这样，家里男劳力多，每天他们爷仨都要去山中打猎，运气好时能打到山羊、狍子、野猪。一般的时候山鸡、野兔是不在话下的，每天都有收获。刘五他们都懂某种动物的语言，会用声音诱惑附近的动物自投罗网。他们一叫，母亲就笑，母亲说刘海的声音有涛般的磁性呢！母亲还常去河边洗衣淘米，衣有粗麻织就的，也有精致的细麻，还有一件是母亲最喜爱的平阳卷子布，白色的，穿在身上舒适素雅又符合身份，其实还有更精细的，只是河间的无缝锦、平州的绫、涿州的罗，高贵的不是普通人的享受。不过，母亲织布的手艺十里八村首屈一指，表现在有自己的作坊。

刘百通家有粮食，有铁器，刘五、刘海家有猎物，有鱼虾，可还是主食是主食，副食是副食地单一，口味无争议也要调剂，营养均衡是人之必须，于是两家就有交换，物与物，不方便就改进，学着使用纸币，纸币是一种开创，感谢金时人们的聪明。

已是秋天，渗津河水没有了夏日暴虐的情绪，变得温顺起来，像对岸的姑娘在柳树下唱着抒情的歌曲，手里摆弄着长长秀发静美地等待男人的开启。刘百通、刘五、刘海指挥着，忙碌着，一块块方正的石头从山上搬运下来，预备石料的时候，石匠们心中就有了自己最美好的设计：莲出水上，渗津河水清且冷，最适合莲的生长，所以每块镶面石的正中都浮雕着一朵莲花，圆形八瓣五蕊，直径28厘米，周围环绕30个浮雕圆珠，质朴大方，桥头的莲花因了水的滋润蓬勃至今绽放，任何细微的造型都有跨越千年的气息。桥面用90块扇形条石铺砌，桥五柱头四栏板单孔，宽4.7米，长3.8米，高3.4米。完成于1170年汛期前，比北京卢沟桥还早19年。卢沟桥是北京地区现存最古老的一座连拱石桥。全长266.5米，桥面宽绰，桥身通用坚固的花岗石建成，下分11个券孔，中间的券孔高大，两边的券孔较小。10座桥墩建在9米多厚的鹅卵石与黄沙的堆积层上，坚实无比。桥墩平面呈船形，迎水的一面砌成分水尖。每个尖端安装着一根边长约26厘米的锐角朝外的三角铁柱，这是为了保护桥墩，抵御洪水和冰块对桥身的撞击，人们把三角铁柱称为"斩龙剑"。在桥墩、拱券等关键部位，以及石与石之间，都用银锭锁连接，以互相拉联固牢。这些建筑结构是科学的杰出创造，堪称绝技。卢沟桥在中国人的记忆当中不可抹杀，那么凌源天盛号石拱桥是否是卢沟桥建设前期的一次演练？在建造卢沟桥过程中，刘百通、刘五、刘海是否背负着蜜糕、馒头、烧饼和煎饼前去助阵？无论我的想象是否准确与完整，但都在完成着中国建桥史上的伟大艺术！

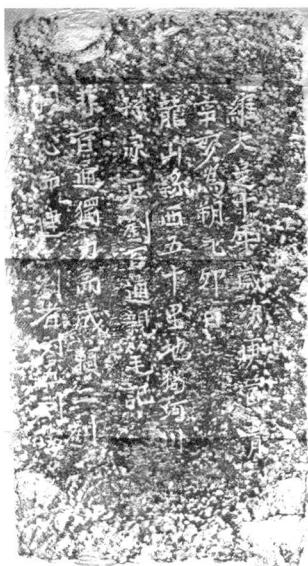

凌源天盛号金代石拱桥桥志拓片

"维大定十年岁次庚寅五月辛亥为朔乙卯日龙山县西五十里地狗河川孙家庄刘百通亲笔记非百通独立而成赖二刘同心而建二刘者刘五刘海"。这块骄傲的石碑近千年地屹立于桥的一边，以记忆的方式，传世的女真文字有文献的、金石的、墨迹的三种。当我用宣纸墨迹拓下石方汉文纸印时，我想它们已深深地蚀进我的脑海，虽然笔迹算不上特别优美，但确实是历史的见证，桥的见证。金是以河为贵的民族，当时最著名的文人元好问就有"河东诗人"之称，并以此形成河汾诗派。具有鲜卑拓跋部骨血的元好问喜欢写《摸鱼儿》并家喻户晓直到现在：

"恨世间、情是何物,直教人生死相许。天南地北双飞客,老翅几回寒暑。欢乐趣。离别苦。就中更有痴儿女,君应有语,渺万里层云,千山暮雪,只影为谁去……"说的是河两边的故事,河两边人的情绪。现在凌源人闲在的时候咿咿呀呀咏叹个没完,原来是有个"北曲之祖"的渊源,她来自金时的声音与韵律,凡喜欢就传承,直到现在。山川易改,本性难移,河流欢快,总是唱着、笑着,从一而终,这种亲情是民间固有的姿态,有着质朴的内核,一切根在河流。

桥修成了,桥志业已完成,最先得到回报的还是刘百通,他在正月十六的那天,将河对岸的意中人,就是那天在柳树下放歌的姑娘偷回了家,结为夫妇,在此以后,人们纷纷效仿刘氏,以后人们把这天改为放偷日,成为女真人约定俗成的规矩,既公平公正理直气壮又愉悦神情虚荣满足。

整理这篇文章的时候,我正对欧洲文艺复兴时期哥特式教堂的建筑及古埃及雕塑艺术无限痴迷,教堂的繁文缛节是灵魂上的艺术,中国桥梁的返璞归真是物质上的艺术,只是使用的方式不同,但艺术相通,审美一致。这座小小的石拱桥不仅具有建筑艺术价值,更具备了民用桥的经济价值,是通往河北进而中原的方便通道。1008年宋史《路振乘轺录》中记载:"凌河有灵、锦、显、霸四州,地生桑麻具锦,州民无田租,但供蚕织,名曰太后丝蚕户。"刘五、刘海的母亲对丝织有很高的技巧,是纺织业户,她织出的布匹专卖到附近中都大兴府,那里是全国最大的布匹集散地。桥的开通,两岸互通有无,铁质工具店、珠宝玛瑙店、陶艺瓷器店、纺织布匹店,店铺林立,货物齐全,一片繁荣。

此刻我站在桥边,看到了一幅《清明上河图》中市井的清明并感受到了时光的温暖。

思想之花如期盛开

敬仰本土先前碑刻艺术的时候，成熟之势如自然之姿一定时期如汹涌的波涛撞击心灵，意识瓜熟蒂落。

当1996年盛夏，心怀敬仰的凡俗子弟——我，利用摩云塔维修之际，抚摸观摩其上的雕刻，倾心、震惊、叹服。高山之风，疯狂地吹起我空中的长发飘扬，十字如井的结构以松木的针刺进我白皙的肌肤做长时间停留的痛苦像是不可名状的骄傲，我甚至还盼望着，无言在心底祷告，我是唯一不受干扰的景仰者，安静地享受过去时光的拂煦。

尔后的每一次去都必须非常地虔诚，以特别崇敬的心情特别地瞻仰我曾零距离的地方，那天是我最接近天空的日子，是凤凰的翅膀承载我的轻灵，成为我今后精神上的盛宴。

故事发生的那天也是一个节日：胡人献宝，美女飞天，佛祖端坐着接受来自八方的朝拜。

我之外八方，即辽，以东胡族系的一支游牧民族——契丹为主，在我国北方建立的政权。唐初活动于营州（今朝阳市）北部一带。公元916年，迭剌部首领耶律阿保机建立大契丹国，建元神册，公元

凤凰山云接寺概貌

947年，辽太宗改国号为辽。契丹建国后，朝阳地区属中京道大定、兴中二府。辽初，辽太祖耶律阿保机命韩知古完葺唐柳城置霸州，制置建、霸、宜、锦、白等五州。重熙年间，又升霸州为兴中府，统二州四县。二州即安德州、黔州。安德州，统和八年析霸城东南龙山徙河境户置，统安德县。今朝阳县五十家子古城，就是安德县故址。建平县的惠州，现在还沿袭着这个名字。朝阳县的建州，现在百姓还城里城外地叫着。北票黑城子依然挺立着白川州的城墙。凌源市十八里堡就是榆州。喀

凤凰山云接寺塔身砖雕菩萨(局部)

左是利州……辽在朝阳历史上设置州县最多。州县林立的景象，缤纷的不仅是当时汉人、契丹人、女真、蒙古、奚等民族的服饰，更有三教九流五行八作的繁华。

当然，以游牧为主的民族，畜牧业在其生活中居主导地位。随着中原大批汉人的迁入，辽统治者制定了"因俗而治"的政策。广大汉族农民把中原地区先进的农业生产技术和经验运用到生产实践中，加之朝阳地区地沃宜耕

植，从而使农业生产成分比重不断扩大。太宗以后更注重保护农业，颁发各种条例保护农耕："有司劝农桑，教纺绩"，"遣使分阅诸路苗稼"，"朕唯百姓徭役烦重，则多给工价，年谷不登，发仓以贷；田园荒废者，则给牛、种以助之"，长务劝

农。这一系列发展农业的有力措施，加之铁制生产工具的发达，大大促进了农业的发展。《辽史·食货志》："检括户口，用法平恕，视事半岁，积粟十五斛，辽之农谷，至是为盛。"有诗人说："时平忘战马牛闲。"还有"居人处处营耕牧"。

辽代的轻工业也十分发达。《五代史》："北师数至，驱掳州士女，教其织纴，中国所为者悉备。"沿大凌河锦、霸等州，地产桑麻贝锦，这里的百姓没有田租，只要进贡蚕织，众所周知的一种布匹的雅号：太后丝。朝阳市博物馆还有一方"兴中府绫锦印"，说明兴中府设置过绫锦院，专事纺织事务，经营对外贸易，不仅对中原，而且对日本、新罗、波斯、大食等国都有贸易往来。

在众多的器皿中，我最喜爱的当属瓷器，依我一知半解的瓷器知识，我想辽瓷最具特色并可以一眼认出，偏爱是因她适合我的审美观念：生活的，朴拙的，情趣的。

除了制瓷、纺织等手工业门类外，还有金银饰品、马具的制作，工艺水平非常精湛，富有特色，显示着各民族的卓越创造才能和成就。农牧业和手工业齐头并进，客观上促进了各民族间的互相融合，加速了先进生产技术的传播，经济得到相当迅速的发展。

朝阳教育之盛由来已久。三燕慕容皝兴办东庠大学，至辽，教育学风依旧。在兴中府设有学府，有助教、博士专司教育。更有土著人士出人头地：姚景行，兴中府人，重熙年间进士、翰林学士，道宗时出任知兴中府；张孝杰，建州永霸县人，家道清贫却学业不止，重熙年间擢进士第一，后出任惠州刺史……契丹还有自己的文字，1983年在北票莲花山发现辽耶律仁先墓志，上就刻有长达数千字的契丹文，这是目前国内有关契丹文最重要的发现。

这次走朝阳，回头时竟然发现自己的足迹一直徘徊在两岸，原来不管是远古还是历朝历代包括现在，我们的居住址都选择在岸边啊。辽也是，这些州县战时就是壁垒，平时则是政治、

凤凰山云接寺塔身砖雕飞天

经济、文化中心；城市是建筑，体现着建筑的实用性。任何一个朝代，方方面面并不孤立发展，而是相互依存、相互影响，构成你中有我，我中有你的格局。比如城建，比如造塔。

辽代朝阳境内佛教流行，"唐修寺，辽造塔"。流行的民谚说明风行原因是中原汉民迁入和统治者提倡和保护。兴中府城内就有延昌寺、灵感寺，城西有三学寺，城东龙山上有天庆寺。朝阳北塔、南塔、云接寺塔、大宝塔、朝阳县五十家子青峰塔、朝阳县大平房八棱观塔、黄花滩塔、凌源十八里堡塔、喀左县大城子塔依旧巍峨。这些代表佛教思想的建筑，完全具备了建筑的思想性。至于思想，抛开佛教本身，从塔身的雕刻艺术反映得更加真切与深刻。

公元947年秋，辽世宗到龙山拜佛狩猎，随后降旨修建华严寺，世宗以后修建云接寺塔，也就是摩云塔。方形实心十三级密檐式，32米高，以方形石台座为基础，上砌单层须弥座，南面设券门，其他三面中部砌假门，门两侧砌壸门，浮雕佛、菩萨、化生童子、伎乐人、莲花、净瓶、云纹边饰等图像，四角柱上雕金刚力士像，身材健壮，虎目圆睁，肩扛千吨塔。其上为双层仰莲座，中间一周刻出密宗法器金刚杵、法轮和"卍"字。四面塔身各于中央浮雕坐佛一尊，头戴宝冠，手结契印，慈眉善目，盘腿端坐于莲花宝座之上，座下分别为马、孔雀、金翅鸟和象四种生灵。由此可见，此塔与市内北塔均属佛教密宗金刚界之舍利宝塔，佛像统称为五方五智如来佛。坐佛两侧有菩萨、飞天侍奉，亦刻出八大灵塔及塔名。东面塔左刻："庵罗卫林维摩塔"，右刻："安婆罗林中圆寂塔"；南面塔左刻："菩提树下成佛塔"，右面刻："给孤独苑名称塔"，右刻"鹿野苑中法轮塔"；北面塔左刻："耆暗崛山般若塔"，右刻："曲女城边宝阶塔"。第一层下用砖雕斗拱，以上各层皆叠涩出檐，逐层内收。檐上覆以筒瓦、板瓦、勾头、滴水，垂脊安装龙、凤脊饰，檐下束腰处镶嵌青铜宝镜，角梁下垂风铃。

我还为图案巨大而叹神工并耗神研究制作之法：为组装式的人物图案，常以大小、圆方、高矮、胖瘦等不同形制烧制出大小、圆方、高矮、胖瘦的砖坯，然后按照自己原来的设计装拼人物或者花纹图案单元的组合砖雕。成型后镶嵌砌入塔身、须弥座各面以及四周各角。所以形成了云接寺

凤凰山云接寺塔身砖雕飞天(局部)

塔上高大的佛、菩萨、力士、飞天、天王、神兽等高浮雕，这种大型组合砖雕本身是辽代艺术家对建筑艺术与雕塑艺术相结合的一种创新。云接寺塔上的浮雕尤其是转角处的力士，突出表达造型的体积感、风动感、空间感、质感以及它们的活动力度，各种飞天造型、胡人献宝等活泼的风格显示了精美隽永的艺术魅力、社会情形和特有的醇厚雄浑，是辽代佛塔艺术风格形成的早期代表作品，具有很高的艺术价值。

69

夺目的还属黑珍石镶目的佛，炯炯灼灼遍视人寰，面圆慈善，大耳垂肩，鬓向后自然梳理，祥云之上的盘坐，头戴巾，身着裟，手指佛意；还有高高的发髻，手扬起遮荫的姿态，如花项链佩在颈上，佛乃素雅之人，无论怎样的一种装扮都肃目庄重。旁有华盖，垂珠飘荡，叮当作响，还有飞天，微侧的肌体似又转身，从天而降，有跪坐着的，长方的托盘，飘带如风环绕；有站立着的，左手托盘，右手向天，腰带束结，轻盈对称，奉献虔诚。

凤凰山云接寺塔须弥座砖雕——胡人献宝

第二壶门外，有屈膝持罐、深目厚唇的典型的唐代胡人形象，被称为"胡人献宝"，脸侧着扬起，怀抱火焰宝瓶，他的神态诱惑着我天真地想象这宝瓶里面所装之物，可愚钝的我怎能弄得懂看得清呢。第五壶门外右侧有高帽、左衽袍服、执骨朵的契丹男供养人形象。还有静若处子的智者……所有这些的表现手法都是浅浮雕或高浮雕，这两种技法产生于东汉中、晚期。由墓葬、祠堂的装饰移至佛教的寺观、塔幢的外表装潢，使砖雕艺术为佛教的宣传内容服务。

云接寺塔上的雕刻区别于同时期其他地方的是佛像大于菩萨，与当时崇尚菩萨有了反差，还是这里的民族特色，是这里当时的时代气息，从此可以追踪当地辽代文化。

云接寺塔构建的基本材料——砖。中国砖雕艺术可以上朔到战国时期，它几乎是和砖的使用价值同步诞生。早期的砖雕艺术是在砖烧制之前，按照自己的想象将图样刻画在坯面上或以印模压印在坯面上，再经过烧制而成为画像砖。辽塔的兴建给予砖雕以发展的空间。重视偶像崇拜的契丹民族创造性地将佛塔的建造与菩萨偶像的供奉有机地结合在一起，使塔身雕塑与塔的建筑浑然一体，不可分割。云接寺塔已在凤凰山上屹立千年，千年不腐，还得感谢零距离的触摸："黄阁窗下得墨宝，古代烧砖坚于石"，至今东北地区称砖雕用砖为"金砖"，质地细腻如女儿肌肤，坚实耐力如男儿性情。面对真正的艺术，总是有些意犹未尽，尽管我的艺术感觉与真正的艺术审美有很大的差距，我还是愿意让我的感官在这里进行无数次的游走，让不擅记忆的大脑再加深一遍对这里的记忆。

当我离开曾经的接触物，远瞻近虑，原来的摩云塔，现在的云接寺塔，名字更迭，云还是先前的那朵，历经千年始终都是一样的婀娜。云是飘曳的，思想是飞翔的，关联的意境，它们共同不舍的是云。再进一步我想，这里的雕刻不仅仅是艺术的，什么艺术也不能从单方面审美来观照，应纵深地推测：艺术是做什么用的？为什么用这种形式而不是那种形式？于是就有了价值取向问题，于是便有了这篇文章前面大部分的叙述：辽的社会形态，经济基础和上层建筑，它们都是从艺术中显像的花朵，纷呈地开放在曾经辽阔的土地上。

凤凰山云接寺塔须弥座砖雕

喜欢色彩，缤纷热烈，素淡清新，但绝对应该走墨有清淡缓急的那种，不能混沌一片，应如大凌河的波光，在阳光的照耀下不停地变换。

梳理大凌河，便会发现大凌河流域文化具有很大的兼容性、强烈的赶超性、卓越的独创性，是她们构成了独具的风韵，让更多的人为她痴迷，流连忘返。

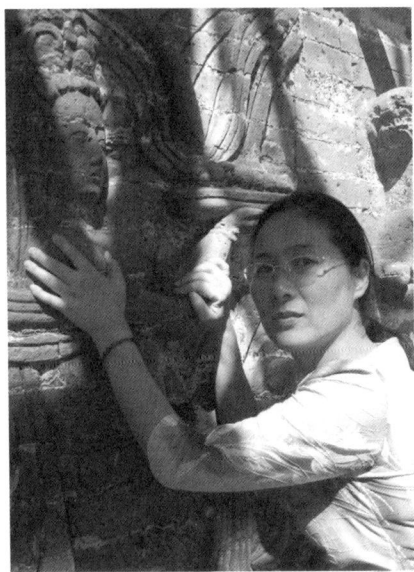

触摸千年古塔的历史沧桑

小凌河·文弱而清新

很显然朝阳境内的第二条大河就是小凌河了。我对小凌河的感觉不如大凌河来得豪迈与执著。只是因为她的小？不管我对她的感觉如何："山，空自愁。河，空自流。"她不因我的感觉而存在，她认定小有小的益处，更有"山无数，烟万缕"的景致。

"明安河"是蒙语对她的称谓。发源于朝阳县瓦房子镇牛粪洞子沟。东流经瓦房子、元宝山水库，至六家子折而东北流，至孤家子东纳从单家店流来的支流，经玄羊山，几经转折从二十家子转而南流。在于班营子从根德流来的南来之水后，东折入大屯，在松岭门又纳北来的水系，绕塔山入锦县境，至班吉塔附近再纳北来之水，于锦州市南郊纳西来的女儿河水，折转南流入渤海。流经三个市、县，全长200余公里。在西汉时称"唐就水"，《太平环宇记》："彭卢水，一名卢河水，即唐就水也。"辽时改名"小灵河"，元朝时易"灵"为"凌"，称"小凌河"。说她小是因为她的水势不大，却水清澄明，沙石洁净，从无浊流，至今滋润两岸祈福百姓。

作者在小凌河边

73

精神，穿越时空的屹立

远远地望见了，那座小山丰盈了许多，春天的缘故。共青团员栽种的春风第一枝——杏树已遍布山冈。季节过了"红杏枝头春意闹"的早春，也过了"花退残红青杏小"的仲春，但杏子尚青，摘一颗品尝时便有一股浓重的酸楚，像此时我的心情，一阵儿阴翳一阵儿晴朗，为英雄的经历英雄的风骨。

朝阳市赵尚志纪念馆前的赵尚志雕像

这是一条回乡的路，从黑龙江的哈尔滨，从吉林的松花江，从原苏联的伯力，一路南行，直到他出生的地方——辽宁省朝阳县尚志乡尚志村的将军山。跃过尚志市，穿过尚志街，经过尚志柳，绕过尚志井，这条路走得太漫长，整整用去了他整个生命的长度和身后50多载光阴。然而他的生命并不长，34岁青春的年龄。10岁随着抗捐被逼无路可走的父亲赵子馥逃难到哈尔滨，11岁开始给资本家当杂役、学徒、信差。1925年考入哈尔滨许公中学，并加入中国共产党，同年考入黄埔军校。参加革命后两次入狱，一次被关押，两次被错误地开除党籍，一次党内严重警告撤销一切职务。在逆境中他抗日矢志不渝，组建巴彦游击队，珠河抗日联合军，东北民众抗日联合军等抗日队伍。他作战英勇而机智，沉重地打击了日伪军，日本人惊呼"小小的满洲国，大大的赵尚志""不打义勇军，专打赵尚志"。1942年在袭击梧桐河警察署战斗中被内奸击伤，审讯八个小时后牺牲。敌人割下他的头请赏，尸体扔进了松花江，头颅的下落成为一个谜。2004年在吉林长春般若寺头骨终于被找到，经公安部鉴定并确认。为使英雄忠骨得以还乡，赵尚志的胞妹赵尚文老人在5月鲜花遍地时节，到家乡做这次祭奠。

当主持人宣布"将军伟绩千秋颂，尚志英名万代传"祭奠仪式开始的时候，天边响起了轰轰隆隆的雷声，似战场上阵阵枪声，似胜利时咚咚鼓声。85岁的赵尚文老人向父母亲的陵前献上了鲜花，向她的三哥——赵尚志献上了她的心声。"爸，妈，我回来看你们来了。我要告诉你们，不久，我就要把你们的三儿子——赵尚志将军带回到二老身边，让他和你们团聚。"

"我的三哥赵尚志将军，从小参加革命，枪林弹雨，出生入死，受那么多苦，遭那么多罪，最后含冤被敌人杀死在战场上。现在我们决定把他迎回到你们的身边安葬，使他的灵魂得到安息，使你们的心愿得以了却，我们也算尽了心意。爸，妈，三哥，安息吧！"尚文老人平静地叙述着，她的平静感动着天地。此时，天下起了蒙蒙细雨。老人在自己亲人面前孤单的像个孩子，立在雨中泪水涟涟。将军山，左手边云蒙山，水流云在，气象氤氲；右手边大孤山，剑胆琴心，孤高不傲，不高不大的将军山就在群山的环抱中耸立威严。雨又大了些，自发参加祭奠的200多名群众站在墓前雨中，向赵尚志将军三鞠躬，敬献自己的一份哀思。细雨淅沥如咽，吟咏声声慢；急雨哗响如歌，鸣奏清平乐。

天上的雨还在挥洒，是为将军流下的泪。在雨中竟有直径一厘米大小的冰雹噼噼啪啪砸来，在我的心头怦然作响，绝对的警示。有人说战争就是一场游戏，我却以为这场战争游戏开得过大，大得不能让人接受。如果这是游戏又"绝对好玩儿"，为什么不把这样的游戏开在自家的门前，而要过海攀山到别人的家里。这种游戏对国家来说是灾难深重，对人民来说是深重灾难，对一个家庭来说就是灭顶之灾，他失去的是亲人是儿子是被杀害了之后连尸骨都找不到的悲凉。

我常常来这里凭吊，在英雄面前抚古思今，看一看墓碑和坟茔，内心便萌生出特殊的感慨：坟墓是一个人死后又一次开始的生命，并以纪念的形式出现，是一个人为后世留下的精神影像。眼中的这座坟墓已经化作了具象的英雄，隐隐地，向我走来，向我述说，在雨中我静静地聆听穿越时空的话语："我死不足惜，今将逝去，还有何可问？"直到1982年，中共黑龙江省委受中共中央组织部的委托，重新审查了赵尚志的全部历史，在赵尚志殉难40周年的日子，"省委决定，撤销1940年1月中共满洲省委常委《关于开除赵尚志党籍的决定》，恢复赵尚志的党籍，推翻强加给赵尚志同志的一切不实之词，恢复名誉。"赵尚志将军身首两处，可人民记住了党的誓言。站在将军墓前，还有一种思考：大多坟墓有尸体在，有的至少是个衣冠冢，而将军的墓呢？连衣冠也没有。他走得太清白，清白得没有给自己留下一丝一毫，没留下一点可收藏的实物。面前的这座坟墓，埋下的仅仅是后人为纪念他而写下的薄薄的一本传记。尽管我们遗憾，不能满意这里没有与将军有关的物质，但这里永存的却是将军的精神，不屈不挠的民族气节。半个世纪过去了，这种精神与气节没有随着时间的推移而减弱，相反却随着时间的增长在升腾在高昂。

　　如今赵尚志将军的头颅被发现，朝阳市委、市政府竭尽全力让将军的头骨安葬在生他养他的家乡，为了丰富赵尚志纪念馆馆藏，朝阳市史志办主任董砚国率几位同志长途奔波，收集、复制了一些有关赵尚志将军的实物资料，让我们的怀念有了一个具体的去处，将军定会保佑我们平安。站在纪念将军诞辰一百周年而建立的纪念馆前驰骋想象：凌河岸边一个忧郁而机智少年，一个铮铮铁骨的中国将军！

　　"白云回望合，青霭入看无"。下得山来，回头再看将军山时更有了诗般气象。滋润的将军山，葱茏的将军山，如今在我们生命的底色里更加壮丽更加辉煌。

天地有灵化作雪

2007年的10月28日，橘黄色涂满沟沟岔岔，在路上，秋天给我的感觉是一转弯就是一个惊喜，又一转弯又一个惊喜的感动。喜欢生活在北方，一年四季分明着让我感觉冷暖，锻炼着我的性格，明确爱憎。

本来最早在1971年，后来又在1976年就有两次发掘的朝阳县六家子乡魏营子村后魏的老龙湾西周古墓，如今，近三十年后我才有了第一次经历。时过27年，难怪当地的许多年轻百姓都不知道此事，知道的只有为数不多的上了年纪的有心人。

向导热心，把老龙湾指给我看。水傍着一周小山婉转，四周被大山包围着，形成一个气场，永远吸纳不易泄出的结构。四周的山势险峻着，有天梯为证。据向导讲：不然比这险，只是放炮取石、打墙垒院坡缓了许多。不过本质不会改变，人只要经过此地总会多看两眼，毕竟与众不同。河边山脚还有古石舂一盘，不露声色地显示着当年的繁忙。水中鸭洁白映衬在清澈透明中，悠闲自在，目中无人，一派安然。

车驻山湾。徒步并不艰辛，只是风越刮越紧，拿相机的手竟僵持着。站在龙脊望龙头，龙头深探水中与水攀谈，或者嬉戏。水是绿的，龙呈淡黄，搭配和谐的色彩又一次让我心生意念。对颜色的敏感源于对绘画的感悟，此处风景如画。我用笨拙的摄影技术按下快门时，天空竟飘起了2007年秋季的第一场雪。不过不大，面积只限于我站着的这条龙脉上，一会儿的工夫垄沟里便积聚了些许。龙头在南，龙尾在西，龙脊顺势而过。

朝阳县六家子乡魏营子村老龙湾

河顺山势，山顺河走，动静结合，活灵活现。龙头上满是青苔，在萧瑟的风中微微抖动，红透了的山枣还挂满枝头无人采摘，点缀在龙身上，血色浪漫。干绿的苔藓，血红的山枣在白色的飞雪中呼应着，又一次构成色彩的反差，心，依然感动。

　　我凭着不很准确的步伐，左走右走地测量这块地方的大小。宽40米，长50米，等于2000平方米，概算完成时，我想我们4000年前的祖先真是好眼力。不然，他们咋会把自己的墓地选择在龙脉上，山有山势，水有水情，相依相偎。只是时间匆匆，我的车子顺着山水走出时，刚刚水还在山前，转眼就到了山后，也难怪，这里一个小小的村庄就分了前魏后魏还有腰魏，一定与这里的山水有关联，为什么？只有这里的老百姓知道，并不给外人一个明确的交待。不过让我欣慰的是，我的这次行走不仅感动了我自己，因为在龙脊上我兴奋地跑来跑去摄下了壮丽的风光，而且感动了这条龙。这里没有一块石碑，尽管是东北第一座西周古墓，出土了11颗绿松石、1件铜盔、2件青铜銮铃、1件羊头铜饰、1件跳脱式金臂钏等近百件铜器和金镶玉，发掘的还有柏木制成的木椁，并且在木椁的夹缝中还夹杂了一只大麦穗。不管当时如何的辉煌，农事如何发达，但毕竟让现代许多人淡忘，如今土地归个人承包，上面种满了庄稼——玉米，不过也年年丰收，也许是墓主人的本意，却让我这个突然的造访者无所遵循。现在我突然地出现，拿什么奉献给我？白雪是他述说的情思，亦是他肺腑的祝福，在辽西少雪的地带风调雨顺，五谷丰登是最高的礼遇。

　　离开的时候，纷扬的白雪戛然而止。来时还是土色的苍龙，如今晶莹涂抹更显龙的出尘，我不知道为什么，也不能知道为什么。此时此刻，不早不晚，赶上了就是缘分。

不能省略的书写

在岸边的叙述中，小凌河给我的启示是清澈清新、文弱文静的，她不声不响地完成着自己生命的进程。

当我把目光锁定在西汉城址"狐苏县"的时候，我便喜欢上了她，初始是这个名字。也许就是女性的缘故，一看到狐就想到媚，女性的武器，必备的素质，但很多女人都没得到完善，包括我，所以羡慕。

我还知道这座西汉设置的城池，在东汉的时候就被废弃了，原因很简单：那条季节河让岸边的许多人和事具有了悲凉的场景，她脾气的暴躁让人望而生畏随之逃离。《汉书·地理志》："狐苏，唐就水至徒河入海。"唐就水

朝阳县东大屯乡士毅村西汉狐苏县城遗址

就是如今的小凌河。《满洲历史地理》："狐苏在今锦州府西北。"当我找到她的时候，石碑在村委会的门前一块立着一块躺着，显得悠闲自在，全然没有盛汉时的气韵，但她依旧作为如今的省级文物保护单位存在。

我在左右打量这座县城的记载时，从屋里出来两个人，一个年轻，另一个也不老，搭话间我弄清了一个是村主任于国军，另一个是村干部王伟兴，于国军与朝阳我的一位朋友是亲戚，缘分啊。于是我的寻找变得简约，有了当地向导的指引，一切不会错：朝阳县东大屯乡士毅村东北300米的小凌河北岸台地上，东距东大屯乡政府所在地1.5公里，北侧是朝阳至锦州的公路，我要找的地方。

城址平地凸起1米多，接近方形，南北长90米，东西宽100

米。城墙大部分已埋入地下。从城址西南角被河水冲毁的断面看，为夯土城墙，存高3米，宽3米，夯土清晰，厚8～10厘米，夯层内夹有战国时期的陶片。他们又带我去一条冲击很深的沟，沟内因为季节的关系没有一滴水，在冲击的崖下，王伟兴从土层中抽出陶片和一些建筑材料的残片，泥制的以灰陶为主，还有红色的，有许多装饰花纹和长条状透露的缝隙，他判断说那时的人们也吃面条，那个东西好像是我们现在吃过水面的器皿。我还看到了陶片上的纹饰，有绳纹、方格纹、弦纹等，我还拣到了一个盆底，罐的边缘，瓮的凸起，所有这些给我的判断是这里一定出土过盆、罐、

汉狐苏县城遗址发现的陶片

瓮，王伟兴补充说，还有豆、釜。城址内略偏东北处，有一处约100平方米的土堆，散布有辽代的砖、瓦等建筑构件残片，出土的物件成车拉，现在还经常有文物部门的人在这里比比划划。

"铁打的松树嘴子，纸儿糊的朝阳，气儿吹的锦州。"在朝阳城乡流传着这样的一个顺口溜。搞过党史，清楚这意味着什么。这里有张士毅烈士陵园，这里有人们整齐的家园意识，我还知道这里有一座很大很有一些来历的教堂，如果不算朝阳市里新建的天主教堂，这里就是最大最恢宏的。来的那天刚好礼拜天，我去时教徒们刚好在牧师的引导下做完礼拜，教堂则呈现人去堂空的寂寞，圣母玛莉娅在乡土气息中初冬的阳光里温和地微笑。还有一个月就是圣诞节。2006年曾在沈阳的天主教堂度过难忘的一夜，至今十字架还在闪闪烁烁。"爱是恒久忍耐，又有恩慈。爱是不嫉妒，爱是不自夸，不张狂，不做害羞的事，不求自己的利益，不轻易发怒，不计算人的恶，不喜欢不义，只喜欢真理。凡事包容凡事相信，凡事盼望凡事忍耐，

爱是永不止息。"这是挂在我寝室醒来就能看到的爱的箴言，我不是基督徒，但爱是永恒永远，我信。我还相信这里人们的虔诚，信仰不分地域，不分城市乡村，或许乡村的崇敬来得更真切实在。

饭时到了，村主任态度诚恳，我还没有路遇相识便吃饭的经历，好奇间他端上来一盘小凌河的青蛙，从家里拿来的，说给你美美容。我笑，美容其次，只是不敢，一个幼小的益世的生命。村主任看我为难："家人承包的一段小凌河，每年都要投放鱼苗，就是让人尝鲜，小凌河没有污染，人们讲究的就是健康，因为不是季节，青蛙很稀有，普通的过路客没有口福。"我为他的真诚感动。情挚酒酣，道别时我记住了他们的电话号码，感恩节那天我分别给他们发了短信，感谢他们对我踏访行动的支持和关照。萍水相逢，一见如故，文化链接。

朝阳县东大屯乡士毅村天主教堂

老哈河·浑厚而苍凉

　　老哈河的源头我没有探访，因为走过了大凌河的南源和所谓的北源之后，我便不再想探究朝阳境内的其他河流的源头了。那里干枯得如年迈母亲干瘪的乳房，乳汁在完成供养之后不堪入目的裸呈，毫无生机且污秽遍地，那时的我心里是一种痛，是一种无以复加的忧患，是我们做子女的伤害了母亲，是我们透支了水资源，不能埋怨母亲，需要谴责的只能是我们自己。但我还是有必要做一次虚构的旅行，身不动，思想追随着时光向前伸延，抵达历史幕布开合的地方。

　　朝阳十年九旱，朝阳缺水，河流在朝阳的源头干涸。物质不灭，地球上的水总是一样多，尽管它循环，尽管它蒸发，但它在嬉戏够了之后，还是回落在大地之上。河流恣意、随意是她的性格，似一个人或一个物体内的脉管，富含养分充满活力。

　　发源于内蒙古自治区与河北省交界的七老图山的老哈河，是西辽河的南源。流经建平县西北境，是建平县与内蒙古自治区宁城县、喀喇沁右旗、赤峰县的界河。但河流没有边界，完全按照自己的意志流淌，按照自己的想法，脚印以至于随心所欲，是人们自己用她来界定自己疆域的。

　　她从宁城县四家子村东入建平县境的三家乡西胡素台，向东北流，其东岸经五十家子、太平庄、八家子、黑水、热水、老官地、哈拉道口等乡镇辖境，入赤峰，汇入西辽河。海棠河、英金河、沙海河、三家河、黑水河和蹦河是她血管的支脉。

　　《热河志》上说："老哈河之为土河，至今两名互异。隋书称托纥臣水，唐书称土护真水。辽金二史谓之土河，为土护真河之省文，金史及元一统志又称涂河。"《承德府志》记述老哈河"在平泉州治西北境，源出州属喀喇沁右翼南一百九十里之永安山，会诸小水东北流，自大宁故城之西南迳大宁故城之东北又北流，汇英金河，又东北流，共行五百余里与潢河会，下流为辽河。

亦名土河，又作涂河，即古托纥臣水，亦名土护真水。"

　　她还是辽西地区重要河流之一，岸边古代城址、遗址密集非常，建平县境内就有五十家子敖包山红山文化遗址、太平庄乡青铜时代遗址和墓葬、燕秦长城、汉代墩台、城址等众多古代文化十分发达。

　　尤其值得一提的是她的支流蹦河。它又被叫做蚌河，是由于出产太多的蚌？还是"鹬蚌相争，渔翁得利"脍炙人口的成语起源地？她发源于杨树岭乡万丰山村的西天北侧，流经杨树岭乡万丰山村、红光村、南地村、瓦房村，建平镇的古山子村、东街村，惠州乡的北窝铺村、八家村，马场乡三家村、龙头营子村、马场村、河南五家子村、长皋村，北二十家子镇小地村、二十家子村、南十家子村、小四家村、扎兰营子村，进入敖汉旗境注入老哈河，境内流域面积937平方公里，长71.2公里，现在我们在旱季很少再见她们以往少女婀娜的姿态，断流了，却不断以往的气脉，这里曾经有一支"建平人"在活动，我用一种浪漫的想象，想象着她们是从喀左鸽子洞一路走来的先民！这里出土的"建平人上膊骨化石"表明：早在旧石器时代晚期，先民们就开始在这里繁衍生息。

　　建平境内发掘的"红山文化"时期的积石冢、原始祭坛，更证明了早在5500年前，这里就存在着具有国家雏形的原始文明社会，从而将中华民族的文明史提前了1000多年。县境春秋时期属山戎、后并入东胡。战国时期属燕。秦代属右北平郡。汉代属匈奴左地，后入乌桓。三国时期属鲜卑，分分合合，老哈河原是一条苦难的场所，谁都知道兵家必争之地意味着什么。尽管以后有其归属，但她在历史上的地位不可抹杀，尤其是有关实物资料的出土，有的学者认为此地是商文化的发祥地。

　　上述不无道理。从出土的文物看，环绕着老哈河，分布在三家、八家、杨树岭、太平庄、老官地、榆树林子、万寿、朱碌科。新石器时代红山文化石器有石耜、石磨棒、石斧、石钺、石犁、石组、石环及细石器等。青铜时代石器有石耜、石斧、石盘、石铲、石掐刀、石酒杯、石凿、石锛、石臼、石杵、石磬、渔网坠、石球，虽然有的地域没有直接在老哈河的岸边，但相对一个大的地域来说，还是老哈河的水滋养了这里的先民。出土的文物多数为生产工具，很少有娱乐用具，饰品也不多。也就是说，当时的生产生活条件还不允许先民有更多的时间打扮自己娱乐自己放松自己，他们要为活命而奔波。

我是一个喜欢归类的人，常常把心里的东西进行梳理，从系列化中得到规律，结果屡次奏效。

红山文化：最著名的当属牛河梁，有过专门著作，这里不赘述。敖包山：位于三家蒙古营乡五十家子村南1.5公里。南北长约300米，东西宽150米。发现有石耜、钻孔石斧、刮削器、石核、石片、泥制彩陶和夹砂褐陶片。羊圈子梁：位于哈拉道口乡东南1.5公里的高台地。地势高出河床70米，地表散露许多陶片、细石器和蚌壳等。陶片有泥制红陶、夹砂灰褐陶。转山子：位于太平庄东北约1.5公里的十园山。呈圆形，直径80米左右。遗物有石磨盘、刮削器、锥形石核和泥制红陶、夹山灰褐陶片。乌楚路：位于三家蒙古营乡五十家子村东台地。南北长150米，东西宽100米。采集石磨棒2件，其一弯月形，略磨光；另一件圆柱形，砂岩制成，表面磨光，断面为椭圆形。这些以遗址的方式存在，是红山文化时期在老哈河沿岸发现的早于商的遗存。在此叙述的目的，从中或许可以看出商文化在此地的传承关系，给朝阳商地文化一个依据式说法。

夏家店下层文化：水泉遗址，在《村落》篇里进行了还原式的描述。将台子，位于三家蒙古族乡西胡素台村土城子东台子地。东隔一段凹地，坡度大但较规整，与山丘相连；北面隔沟是一块台地，再北是大黑山和半拉山，西距老哈河约1公里。遗址高出村庄地面20米，边长约110米。遗物有亚腰石斧、圆柱形石斧、梯形石铲等。陶器有夹砂绳纹褐陶罐等。城子地遗址，位于孤山乡大拉罕沟村。遗址为长圆形，东西长150米，南北宽100米。断壁见灰坑、石器、房址等遗迹、遗物。地面散见打磨的亚腰形石斧、梯形石铲、石核等生产用具和陶器生活用具。在它的南侧发现青铜短剑墓一座，出土铜铃4件、铜斧1件、短茎双曲刃青铜短剑1件。这些逐水而居的村镇是河流结出的果实，在各自的枝头招展。

这种文化是1960年从细石器文化中分辨来的一种早期青铜文化，相当于中原的二里头文化和二里冈文化阶段。这个时期农业十分发达。生产工具中磨制石器多达80%，主要有亚腰石锄，有肩石铲以及各类石刀。农产品主要是粟，产量颇为丰富。农业较发达，粮食剩余，酿酒产生。手工业也很发达，有许多脱离了农业的副业生产，而进入了"以交换为目的"的商品生产阶段，如制陶、制骨、制玉以及青铜器铸造等都属于商品生产的性质，这些部门都是由一些"专业户"来主持生产。就拿制陶来说，不仅部分间分工细致，产品种类繁多，质地精良，而且其产品中还有供人们日常生活之需和专供随葬所用的区别。至于青铜器的铸造，那更不是为自己的需要而生产，而是为了满足社会的要求而生产的产品。青铜铸造尤为先进，分布的范围十分广泛，工艺除锤锻的耳环、指环之类的装饰品外，还有单范浇铸的铜刀、铜镞以及合范浇铸的小型青铜铸件，可见夏家店下层文化的青铜冶铸早已脱离了原始冶铸阶段，达到了比较高的水平。

随着商品生产的发展，"随之而来的是贸易，不仅有部落和部落边界的贸易，而且还有海外贸易"。北票丰下的墓中出土过海贝，显然不是当地所产，是交换而来。商品生产的发展，必然导致富人和穷人的差别，加之首领们凭借职权，巧取豪夺，更加剧了贫富分化的进程。百姓生活富裕，但绝不是我们现在所说的百姓，那时贵族被称为百姓，与群黎相对，在商时百姓是奴隶主阶级。夏家店下层文化的房子有宽敞明亮的地上建筑，也有简陋潮湿的地窖子，丰下遗址中已做过详细说明。为保护既得利益，同时亦想摄取更多的财富，必然加剧掠夺性的战争，并建立各种设防的堡垒。苏秉琦先生在谈到夏家店下层文化时说："夏家店下层文化一个突出的特征是：村落密集分布在河谷地带，几乎都有防御设施。"许多地方都可看见由一大几小土城堡聚落构成的一个有机群体。但它确是一些大小不一的城镇，这些城镇不再是以血缘为纽带，而是以地区和财富为基础的联合，他们已突破了氏族部落的血亲界限，形成以地域为中心的统一体。这些地区的武装也不再是"居民的自动武装组织"，而是贵族用来掠夺别族，对付、控制奴隶及公民，并使之服从的公共权力。也就是说，夏家店下层文化时期的武装力量已不再是人民的自动武装，而可能是统治阶级的国家所建立的军队。建平等地发现的石磬证明着这个时期的礼制已经有了一套比较完整的制度。夏家店下层文化时期从社会实质看，不仅进入了阶级社会，形成了两大对立阶级，而且按地域组织起来，建立了许多城邦式的国家，因而进入了文明时期，其渊源可追溯到红山文化时期。

还有另一种遗存说明商文化起源——墓葬。烧锅营子乡木头营子村北大荒屯平顶山南麓，随葬品有青铜兵器和饰品38件。太平庄乡和乐村老南船屯东约300米石硸山，山顶高出河滩六七十米，地势较平，南北长约百米，宽80米。墓为石砌，内有人骨一具，仰身直肢。出土青铜兵器、工具及装饰品130余件，还有三菱形骨镞20余枚，白石黑石串球百余颗，为西周早期墓。

读纪伯伦《先知》时记得："这山峦和平原是摇篮和垫脚石，通常在不知不觉中就创造了快乐。"这里我最喜欢垫脚石一词，沉着结实承受，是起步的用力处着力点。我还想将"快乐"一词改为"文化"，更贴近我现在对故乡的形容。

青铜时代：陶器。有鬲、罐、壶、杯、纺轮、盆等。质地多为磨光黑陶、素面红陶、褐陶。出土地点大多在榆树林子乡、沙海镇、烧锅营子乡。春秋战国时期陶器有豆、拍、篮等。铜器最多，尤其是青铜，主要出土地点在太平庄。玉器。主要以饰品、生活用具居多。有玛瑙球、玉发箍、玉环、玉碗、玉瓶等，出土地点主要在富山、惠州、小塘、三家、黑水等乡镇。钱币。商、周时期就有贝币、骨币，战国时又有了燕刀、赵刀。布币有燕布。

当一个人沉湎于幻象，眼前的一切便都真实。对于我的建平，我的老哈河，我是这样想：虽然还没有足够的证据说明这里就是商文化的本源，但出土的各种器具足以证明这里还是一个颇具地方特色的商文化发祥所在。中原的商文化成为中国古代文化的主流，文化核心既已形成，就会用其本身巨大的能量收纳、凝聚各种地方文化，发展为日后中国文化的庞大体系，辽宁建平的商文化在中国商文化的大背景下起着不可替代的具有地方文化符号的实际意义，这种感情犹抽刀断水蓬勃而来。

苏轼在《后赤壁赋》里曾经感慨："曾日月之几何，而江山不可复识。"是的，如今的老哈河我再也找不到以前书中所描绘的那种宏阔那种旖旎，一切都不复存在，有的只是我荒寒的心态和一去不复返的遗憾，断断续续的河流是我断断续续的忧伤，条条都有了无限伸展的可能，为什么呢？为什么一下子统统走失？不给我们一个可以回味的机会？只是我的心里默默地想，我的这一步行走是踏在了商文化的起源或者昌盛的位置上，我在这里不停地寻找与思考越离越远、渐渐被人遗忘的存在，是为了重新认识商——中国文化核心最基本的源头。不过是曾经的，不是现在，曾经也是好的。

大凌河流域、小凌河流域、老哈河流域就这样被我一步步用脚丈量用心体会，先是轻灵的骄傲，然后是沉重的枷锁。这些广布在朝阳大地上的河流主流豪迈激情，支脉具备意味，说明印证着河的初衷。生命之水，文化之水。

女儿是水做的骨肉，一直参与着生命的演变和历史的进程。两岸文化的形状就像河流的形状一样，有时澎湃汹涌有时温馨可人。

河是探索的，喜欢走不同的路，或源自高山，或源自平原，一路曲折迂回，不屈不挠终汇大海，最后用生命填充更广阔的空间。一去不返的不重复性结构了她个性的光芒：热忱、坦诚、包容、奋进。

从岸边归来，我的灵魂也变得像兰斯顿·休斯的河流一样深沉。河流是浪漫的更是实用的，无论我们站在哪里，她都将成为人们可视的行为坐标并验证千年。

村庄·散落一地的星星

　　"数家临水自成村"，这是陆游在他的一首叫《西村》的诗里，用洗练传神的语言说明村落的规模和周遭的自然环境。既然说到数家，那么也许是三五家，也许是七八家，但决不会超过十家。想想八百多年前宋朝稀疏的村落，在陆游的眼里，是多么的宁静和恬适，人们临水而居，园子里种植着绿色菜蔬，向阳处有三两朵花儿因水的滋润而鲜亮无比。那些肩扛农具的男人们，俯身织布的女人们，在夜里没事的时候，正望着头上的星星想着怎样把村落一点一点地扩大呢。

　　村落是我国自古以来人们聚集的基本场所，也可以说是集体居住的单位组织，其数量之多，要以千百万计。一个村落位置的选择，主要是考虑它附近生态环境的好坏，耕作面积的大小，交通是否方便，地理位置是否适中等等，所以就有不少村落大都建在山麓、平川、河谷等生活、生产非常便利的地方，这首先是自然条件使然，其次才是人的因素。《辞海》中对村落有这样的记载：村落，在原始社会末期，也叫村社，也就是"农村公社"、"邻社"、"乡社"、"土地公社"，是公有制向私有制过渡时期的社会经济组织，由定居在一定地域内的一群家庭，包括同一氏族和其他氏族组成。土地公有，分配给各家使用，而牲畜、农具、住宅、生产物归各家私有。因村社土地分散为各家经营并在习惯上由他们世袭使用，因此私有制逐渐代替公有制，原始公社瓦解。

　　《三国志·魏志·郑浑传》里这样写道："入魏郡界，村落齐整如一。"张乔的《归旧山》诗里也有对村落的精致描述："昔年山下结茅茨，村落重来野径移。"但村社组织，曾以不同的形式继续存在于奴隶社会和封建社会中，如中世纪欧洲的马克，15世纪后俄罗斯的米尔等等。

虽然我还没有在我所居住的城市中发现特别完整的古代村落，但从挖掘出来显示的明显布局中，我还是从它所遗留下来的房屋痕迹中发现了蛛丝马迹，它有一字形的大街，也有十字形的大街，还有通幽的小巷，它虽不像近代城市规划得那样周密，但是基本上在那个时代也是很有致的，它体现了我们这座城市规划的雏形。可以想见，村落若是往大了发展，往往就变成了城池，因此村落建设与城池建设同样渗透了防御思想。

我把村落的建筑还原到那个时期，有证据显示，我所"看到"的村庄，主要强调屋顶，屋顶的形状呈现和缓的曲线。正式的建筑群围绕中心庭院布置，将重点建筑安排在中轴线上，其特点是结构暴露，支撑大屋顶的顶子和梁架清晰可见，即使墙中的梁柱也是如此。而村落亘古以来所特有的丰富色彩，不仅仅体现在屋顶用瓦的颜色上，还表现在布满彩画的柱子上、梁檩上、密密排布的檐下斗拱上以及长长伸展的粉墙上。不过如今我所看到的村落却完全没有上述的气度，有的只是这些曾经的辉煌被叠压在地下而生发出来的无助呻吟。

有了村落就一定会有村学。这样的场所不仅仅是为着某种娱乐，更重要的是开展各种政治文化活动，甚至最终产生制度的场所。比如历史到了宋以后，就出现了村田乐，它是宋、元、明年间的一种民间舞蹈，这种舞蹈充分表现了当时村落生活的场景。可惜早已失传，我们只是在宋时范大成"轻薄行歌过，癫狂社舞呈"的诗句里感受着村民们在轻松的徭役状态下一路行走一路歌声一路舞蹈的情状。我想有了村学就一定会有村学究，他是乡村塾师，一个学识浅陋却显得极认真的文人，"认桃无绿叶，辨杏有青枝"，是村学究讲与读书童子辨认桃和杏的最基本常识。在读书童子们咿咿呀呀的诵读声中，村学究就此品尝到了一种莫大的成就。

　　提起村落，最古老的当属仰韶村了，它是中国第一个史前村落遗址。在那儿产生的仰韶文化又被称为彩陶文化，仰韶文化是我国新石器时代的一种文化，距今约六千年，主要分布在黄河上、中游，其中以陕西西安半坡遗址的发现最具代表性。出土的生产工具有磨制的石器、骨器、彩绘陶器等。这时期的经济生活以农业为主，畜牧、渔猎为辅，已进入母系氏族公社制的繁荣时期。这个村落虽然不大，但它却让全世界瞩目。

　　村落总是散淡的，随遇而安的，数家偶然聚来，看上去有一丝丝消闲；而村庄，则是严谨的，环顾左右的，讲究风水的，看上去有一脉脉传承。

　　对于村，恐怕最著名的要数杏花村。这是一个让酒文化扬名之所，因为著名所以必争，确切的位置一说在安徽贵池县城西，以产酒著称。唐诗人杜牧任池州刺史时，有"清明时节雨纷纷，路上行人欲断魂。借问酒家何处有？牧童遥指杏花村"的美诗。另一说在山西省汾阳县东部，相传自南北朝以来，即以产"汾酒"著名，享有"甘泉佳酿"之誉。但不管怎么争，酒产地却是不争的事实，这一切和酒与经济与发展有关。至于庄呢，最著名的莫不就是周庄吧。"轿从门前过，船自家中行"，这是中国的第一水乡。著名画家吴冠中曾这样描绘周庄："黄山集中国山川之美，周庄集中国水乡之美。"这个坐落在苏州城东南三十八公里处的水乡在九百年前一点都不偏僻，是一个幽美雅致的去处。西晋的张翰、唐代的刘禹锡都曾居住过周庄，近代的柳亚子、陈去病的足迹也刻印在风景如画又柔美如诗的周庄。"杨柳青青江水平，闻郎江上踏歌声。东边日出西边雨，道是无晴却有晴。"刘禹锡在唱这首诗时一定是以笛、筝伴奏，同时还有形体动作，既健康活泼又充满了生活情趣。有时文字是浪漫的，而文字的周庄，更有一番抒情气质。

　　这样下来，我所说的村庄就成了一篇既潇洒自如又浪漫飘逸的散文了。散文里的文字跟我心上的文字，坚定有序地排列在一起，它像一条路，引领我们回归家园。

　　难道还没看到那缕炊烟吗？它是向上的树，向下的根，是我们在现世行走的标志，我无法拒绝炊烟的诱惑，那是一种家园对游子的诱惑。所以，有缘看到这篇文字的读者，请允许我在一定的范畴之内对生命、对生活进行一次充分想象吧，我想无数的村庄，变成了散落一地的星星，无数、耀眼而明亮。

有一个少年叫遥远

　　太阳还没有升起来的时候，这里一片寂静。大凌河水，慢悠悠地由西向东，"水风空落眼前花"，时光与人都沉浸在一种一切不在意识之内的静谧之中。

　　静谧美好，但不能静止。公元1965年的考古学家就在凌河岸边的一个鸽子洞里打破了千万年的宁静，特别是1973年和1975年的两次大规模发掘，在发现了大量的动物化石之外，还发现了人类的颞骨、头盖骨残块和一块腭骨，甚或还有脑膜动脉的压痕。考古学家们用理性的思考，分析着这里曾经发生的一切，最后他们把目光聚拢到了洞穴的第二层的一颗牙齿上，那是一颗人类的右下前白齿，从腐蚀的程度判断牙齿的主人是个少年，于是在我的前面不远处迎立着这样的一个少年，一个已经在时空中活过十万年的稚气少年。十万年的光阴中，太阳东升西落，每天循环往复，性格坚韧，固执地一成不变。

十万年前古人类遗址——喀左县鸽子洞

92

那一天太阳又出来了，把一束光打在洞口，也打在了睡在洞口边的少年身上，他叫遥远。遥远揉揉眼睛，抻抻胳膊，他的胳膊要比我们现在与他同龄的少年长些，因为他经常为了生活做着各种攀援。遥远起身走出洞口没有唤醒与她同住的祖母，他的祖母老了，头发白了，皱纹交错。遥远迎着太阳，太阳便照亮山川的各个角落。红色的杜鹃花正结伴开得鲜艳，野百合也迎风招展，呈现着生命的鲜活，如站在山脊上的遥远。阳光很广阔，还把遥远身边的河水揽在自己的怀里，河水便佩戴着金色的彩带欢快地流淌，那里的鱼虾，也在清澈中玩耍。小兔子带着一道白色的闪电从一株树下跑到另一株树下，遥远就站在那里呆望着，那时的遥远还不知道守株待兔的故事，那是以后战国时代好事者的无端编造。此刻遥远不愿去想太多的事情，他还没有那么多的思想，当然也不会有太多的幽怨，他的大脑平滑着，只是感觉有些饿。他转身回到山洞，在存有火种的灶间翻找，昨晚的烤鱼咋就不见了呢？他看见一只迅跑着的中华猫，遥远笑了，他找到一根用龙骨制成的前端带有双排倒刺的鱼叉，走向大凌河边。

　　河水还是继续东流，它没有因为遥远的到来而停滞，遥远摘下腰间的桦树皮裙扔在一边，"扑通"一声身子如游龙般扎到了河中，他在河中站稳，眼睛盯着河面，沉静片刻，只见遥远举起了鱼叉猛地刺向水中，等到叉起，一条一尺长的鲟鱼便在叉尖上摇头摆尾。遥远上岸，顾不得害羞，光着身子急忙跑回山洞，在红红的厚厚的炭火上把鲟鱼烤成了熏鱼，变成了遥远口中的美味，不过在他吃的时候并没有忘记喊醒尚在睡梦中的祖母。

　　祖母是一家之主，虽然现在年迈不能参加劳动，但她依然掌管着这个家中的一切：分配劳动来的成果；安排男性从事渔猎生产；安排女性从事采集、抚养孩子。这是一个氏族部落，虽然不知道姓甚名谁，但氏族成员却在一起共同劳动，有福同享有难同当，过着原始的共产主义生活。"聚生群处，知母不知父，无亲戚兄弟夫妻男女之别，无上下长幼之道。"那时国家、法律、道德、婚姻、家庭的概念还没有产生，他们知道的只是必须依靠群体的力量才能抵御外界的侵袭，才能在某种程度上获得生存。

从梦中醒来的遥远的祖母，揉着惺忪的睡眼，似乎记起了梦中那只蹲在洞口眼睛发着绿光的直隶狼，祖母一边下意识地用手摸着颈上奢侈的用兽牙做成的项链，一边用眼睛朝洞口望了望。阳光，除

喀左鸽子洞

了阳光还是阳光，哪有什么狼，她为自己的多虑撇了撇嘴角，"呕啊"一声长唤，吓跑了前来偷食的老鼠。她环顾2.5米宽，高4～5米，纵长10余米，内室面积20余平方米并且上下三层的"楼中楼"心满意足，然后拨弄着她负责看守的火种。一切又归于平静，洞中只有祖孙俩个，其他人呢？

妇女们一部分在山脊上采集树籽做肉食不足之后的补充食粮，一部分正在山脚河边手里握着坚硬的石英岩料朝着地上的石子敲敲打打。其实鸽子洞的石制工具已经堆得满满当当足足有280件之多，有燧石的、岩浆岩的，器型有刮削器，分为直刃、凹刃、凸刃和复刃类型，为的是在不同场合使用。她们把工具

制作成了工艺品并且相当精致，因为她们已经在实践中掌握了各种修理台面和错向加工的技术。此外，还有尖状器、砍砸器和石锤。这是他们族人猎取食物的劳动工具和预防其他动物攻击的必备武器。妇女们一边工作一边时刻警惕周围的动静。我忽然想到现在许多人都非常羡慕当时的原始共产主义的生活方式和为人处事的方法：简单愉快，戮力同心。但他们却没有我们现在想象中的浪漫，生存条件是艰苦的，那时正值末次冰期的高峰期，天气寒冷得使他们无处躲藏，那点点篝火偶尔会吓走前来觅食的野兽。他们不会种植农作物，不会饲养家畜，猎物和鱼虾也只能是捕到多少吃到多少，不够温饱，做不到满足，就更谈不上选择了。

　　一只头圆、额宽、尾短、棕色多斑的颈后飘扬着长长鬃毛的鬣狗出现了，它是一个十万年前的机会主义者，力大无穷，在人类到来之前就统治着这块土地；人类迁徙之后，因为它常常不劳而获，不知感恩而受到天神的惩罚，无可奈何地退出了历史舞台，但它没事的时候总是前来光顾，想象着与其他动物或者人类同分一杯羹，同撕一块肉。一只四肢细长的羚羊在山坡上饱食青草之后，下山到河边悠然地观赏起两岸旖旎风光，埋伏在草丛里的男人们早就等得不耐烦了，看到猎物出现便迅速地从草丛里钻出来，拿着棍棒冲向羚羊，羚羊警觉地抬眼看到了周遭的埋伏，动静使它以最快的速度逃离现场。嘿，美味的食品，机不可失呀！羚羊跑得快，古人也跑得快，他们饿着的神经是他们围猎的动力。羚羊跑进后山的森林里，这里山高林密，藤条如网，是各种动物的栖息地。羚羊有羚羊的智慧，它的目的是自由，天下没有免费的午餐，它想把给人类做美味的机会留给其他的动物。而人类倔强也更具智慧，认准的一条路必须走到底，更何况羚羊肉的膻香让他们想起来就垂涎欲滴。轻盈敏捷的羚羊和人类周旋，互不相让，在森林里捉着迷藏。那是一场鏖战，场面惊心动魄，一群人不仅是为了追赶一只羚羊，更重要的是为了填饱自己的肚皮。奔跑、追逐，羚羊发出一声声呼唤，是召唤着同伴前来解救？还是，给同伴一个信号远离此地？人类也发出一声声怪叫，为的是给自己一点力量一点自信，毕竟自己的奔跑速度远不及羚羊，但他们被称为猎羊人，是因为他们一直在追赶羚羊。羚羊的奔跑给猎羊人增加了难度，猎羊人由于饥饿和疾病体力渐渐不支，羚羊依旧奔跑，呼啸而去，沟沟坎坎不限速地一跃而过更显"英雄"本色，猎羊人却是不依不饶，尽管这时太阳正当午，汗水滴入焦渴的土地，但炙热的日头依旧燃烧着他们心中必须坚持追下去的欲望。

追赶没有结果时只能静守，于是人们躲在树下静观，等待着羚羊的再次出现。还是人类聪明，羚羊发现刚才热烈的景象归于安静，它也跑累了，卧下休息。机会只在一瞬，快速出击：一人抓住羚羊的后腿，一人按住羚羊角，一人用砍砸器击打羚羊的头部，羚羊恐怖地挣扎着，小而尖的蹄子包括它的短尾还有健美的身姿一下子失去了"羚羊挂角"的诗意超脱，目光恐惧叫声哀怜。欢呼的是来自山洞里的人们，他们今夜又有一顿美餐了，他们的喜悦是经过几天饥饿煎熬的战果。

夕阳西下时，河水被镀成了黄金的颜色，祖母已升起了炊烟。老祖母在小孙子的搀扶下在洞口处瞭望，她在守候着她的子孙们全胜归来。正在捆绑一只羚羊的汉子们抬眼望天发现从家中的天窗里正飘出的袅袅青烟，那是老祖母的守候呢，于是这只羚羊被欢呼雀跃的男人一路狂奔地抬回了家。架上篝火，尽管篝火下已有五米厚的层层灰烬，也要把羚羊肉烤嫩烤软烤透彻，男人们欢呼着大嚼大咽，妇女们把吃剩下的骨头打磨圆滑佩戴在身上，骨是白的，裙是绿的，羞涩与美感呈现着人类幼年的天性。

好玩儿的是为了啃一块羚羊的骨头，遥遥还硌掉了一颗牙，就是我们今天看到的那颗乳牙，这颗可以见证历史的乳牙，让遥遥从此走向成年。写到这儿，我产生了一个古人与现代人对食物认同感相互比较的想法，当古人为一顿肚子的填充物而战的时候，现代人正为吃什么而发愁，吃什么呢？什么都不想吃，点菜成了饭桌上的最难。欲望消逝，活着还有什么意义？所以产生了许多离家出走者和轻生者，面对丰厚的物质生活，出走者去寻找生活的艰辛，轻生者失去了活下去的理由，看来理想和目标的支撑对人是多么的重要，现代人失去的是方向感和目的性，呈现出了一种漫无目的的做事和做人，当然这不是全部的人。

沙狐也来参加聚会了，只是远远地在月光下轻盈地舞蹈，大大的银灰色的尾巴像一把大大的绒扇，拨弄得人们身上酥酥痒痒，可当人们起身去捉时，它却使用了秘密武器，把人们的愿望暂时尘封，可再狡猾的狐狸也斗不过猎羊人，沙狐在人类乘胜追击的夜晚到底也没有躲过追捕，成为人们果腹之食。

棕熊大摇大摆地串起门来，它闻到了烤肉的香味，它也知道资源共享，可它不明白为什么要自己把自己送上门来，成为篝火上的又一道美食。

野马、赤鹿、披毛犀这次虽没有光顾，但前些日子人类餐桌上的主打食品就是它们。

月朗星稀。月光下的遥远躺在石板床上微闭着双眼，他没有少年维特之烦恼，更没有失去姑娘爱恋的那种甜蜜的忧伤，他知道烦恼的生成多半是闲适无事可做。少年什么都不想，因为他还没有可以烦恼的复杂思维，他一直穿着桦树皮裙和他裹缠着绿色树叶的祖母相携着为生计忙碌，他们一直没有闲下来，其他动物们正对人类虎视眈眈，他们不敢闲下来，他们要生存要活命，所以他的单纯而快乐的心情，犹如山野之风飘向高远。

遥远的天空每天都风和日丽，每天都有自己奋争的痕迹，他的命运无法估算，面对风雨雷电他无能为力，他只能默默承受。就连他的生命也朝不保夕，因为环境的恶劣，因为人与自然的搏斗，他们中的大多数存在世上的周期也只不过二三十年。

居住在鸽子洞的这群人，是古人，也是智人，与北京猿人文化有着密切的关系，是华北旧石器时代向东北发展的重要一支，是他们拉开了朝阳历史的序幕，现在他们不在了，却不是消失，是进化成了你我，他们是我们的祖先。祖先们给我的启示是顽强，还告诉我人类的生命本身没有疑难，有的只是进取。

不管是稚嫩的少年，还是年迈的祖母，他们都属于同一个家族，他们从现在的北京方向一路赶来，翻过燕山山脉，奴鲁儿虎山脉，带着随身工具和一身疲惫把家安置在大凌河边的高冈上，他们的所有都是大自然的给予：食物、水和火。水，就取自居室下面的35米处，是大凌河水，只要渴就能喝，只要饿就可以猎取到各种哺乳动物，他们吃掉了鼠耳蝠、达呼尔鼠兔、硕旱獭、阿曼鼢鼠、直隶狼、沙狐、虎、中华猫、棕熊、野马、赤鹿、普氏羚羊、岩羊、披毛犀等6个目26个种属的动物，那时的动物漫山遍野，不受保护。当然，人类也很难保护自己。

山无言，水在说，述说着距今大约10万年前的人类故事和鸽子洞这个旧石器时代中晚期的史实，10万年长短就像现在的10万元多少一样，尽管概念不同，却有着共同的让人可以感知的数字。但对鸽子洞里的鸽子来说，它们懂你的语言和行动吗？虽然奔腾的大凌河水在今人的智慧下造福着人类，但古人们如果看到今天的变化，他们会用自己独特的语言告诉族人，如今是多么的昌盛吗？

我无数次地到这个洞穴中体验古人的生活，说是体验无外乎就是一种近距离的幽思冥想而已。我不会在露天的地方宿营，因为害怕蚊虫的叮咬。我在山野间的生存能力已经完全蜕化，但我还可以充分地思维和思考：那个叫遥远的少年如果活到了今天将会是个什么样子？是高大威猛还是纤细文弱？现在那个站在位于喀左县水泉乡瓦房村鸽子洞遗址边上的少年是遥远吗？如今的遥远有多远？

农民的力量

当我站在朝阳县七道泉子乡西三家村时，已是下午五点钟光景。夏天的傍晚时分，光线柔和起来，它的灿烂而妩媚，正好适宜参观和拍照。天并不很热却也暖暖的，阳光照进房屋的每一个角落，房屋是一间挨着一间的，因为房主人的身份地位不同，就有了房间的大小不一，地面上有焦黑色的过火痕迹，但总体区别并不是很大，这是夏家店下层文化居住址。在它的紧邻，还有一大片房屋址，有的房间里还有用于储藏的坑窖，有竖直的，也有斜立的，看样子是用于备粮备柴。我来到其中一个房间环视，这个房间有十五六平方米的样子。还有石板铺就的炕，虽然石板被掀下去了，但那一排排弯弯曲曲的用石头搭砌的烟道却清清楚楚，这却隶属于辽人，他们就曾在这温暖的大炕上一次次地安然进入梦乡。

我的目光就在这些时光之烟的甬道里游走，思绪也由此产生：炕边的新郎是怎样揭开了盘坐在炕上新娘的盖头？接下来月色朦胧中所发生的爱情故事是谁的？它属于谁的原创？从遥远的夏家店，到一千多年前的辽代，再到当代的西三家，还有谁在编织着如此美丽的神话？

四千年前的这里也叫西三家吗？它在谁之西？哪三家？每家姓氏名谁？疑问接踵而至，但所有这些都不是问题，问题是在这个家里有一对热爱生活的男女，男主人每天去担水，然后劈柴，女主人就用男人担来的水洗米煮

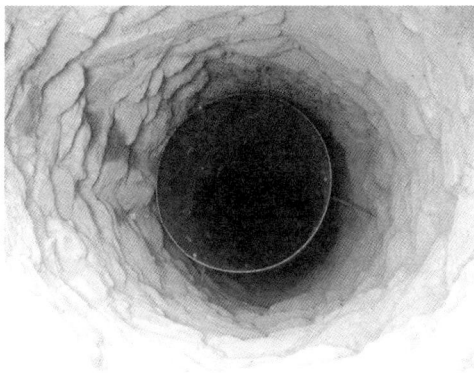

朝阳县七道泉子乡西三家村——中华第一井

饭，炊烟袅袅，米饭飘香。千年一贯，习俗延续。其实这并不是我的突发奇想，这都是些自然的发生，他们就是我们的祖先，他们热爱彼此，热爱自己的后代，热爱在一天劳作之后温馨而热烈的家。余下来的时间，他们拿着一条绳索系着只有自己能懂的日子，用心记录着一天当中发生的故事，算计着明天应该做些什么。

他们是从哪儿来的，因为什么把自己的脚印固定在此地？这是一块实现自己的理想之地吗？

我还是愿意回忆那个热闹的夜晚，愿意想象那个被刚刚娶到婆家的新娘。新娘的家离这儿不远，五六华里的样子，一个名叫罗家沟的村子。这个村子在西三家的北边，我去过，我去时考古队员们已经休息，我的同行顺手拣到了一枚风化了的股骨头，股骨头的窝很大，不是猪的也不是马的，更不是牛的，这枚股骨头的窝比这些动物的都要大，我想最可能是个大象的股骨头，只是不知道当时这里是否真的有大象存在。我还在那里发现了陶制的椎器碎片。所有这些都证明着新娘的家住在一个非常富裕而大气的村子。

那时他们没有多少娱乐，他们的结识还是因为一次劳动，一次关于水的劳动。这个地方不缺水，村子的正东有一条河，名叫上河，不远处还有一条河，叫下河，村子就在河首的地方。两条河的水资源足够这里的人们享用。可有一天一个村上最具智慧的人说："我们应该把水引到村子里来，免去到河里运水路远的苦楚。"村子里的人听了都很惊讶，这个办法方便是很方便，但应该怎样办呢？对此村里有人摇头说这是不可能的事，还有的人开始动脑筋琢磨办法。一个青年忽然提出了一个大胆的想法：掘地。于是人们在这个青年的带领下开始掘地，一米、二米、三米……终于挖出水来了，全村的人雀跃了。接着青年又把挖出水的周围用石头砌称圆形，工程完成了，可人们不知该怎样称呼它，全村的人围在那里议论开了，最后还是那个智者看着横竖的边缘，又看了看中间的空洞，在地上画了个图形，那就是今天我们常用的"井"字。当时在附近很轰动的，现在在东北在中国都很轰动，因为它是中国出土的最早的一口保存完好的水井。

喜悦让人奔走相告，附近的村民成群结队地来这里参观。人们向青年投去敬佩的目光，其中有个姑娘最为深情，目光的对接让他们最终成了夫妻。不过第二年青年又娶了一个新娘，一夫二妻愉快相处，带着几个孩子共同生活在一个房檐下，最后合葬一处依然生死相依。他们的骨骼都化进了这片泥土中，他们把自己供奉给了他们认可的第一神灵——土地，是他们的血液使这片土地年年生机勃勃，他们用身躯荫蔽着后代。

每年春起，农人，就是那个曾经的新郎，与几个孩子一起拿着石犁走向田间，

朝阳县七道泉子乡西三家村——
夏家店下层文化遗址

趁着前一天的那场透雨种上粟、黍和稷，然后盼望着禾苗的苗壮。两个女人在家把草料倒进石槽子，喂养着鸡鸭。现在那只石槽子还在，当我看见它时，它正在附近的工棚里变成了一只看家狗的食器。

在西三家，天气温暖着，空气湿润着，水草的丰美带给人

们以生活上的方便。在上河首的北山上，一堆白色的石片引起了我们这群人的兴趣，同行去翻捡着鱼化石的只鳞片尾，我在一边乘凉。就在我乘凉的土崖下，我突然发现两条蛇在那里交首嬉戏，是双胞胎小青，我破了声似地大叫着逃下山崖，几位同行忙上来搜寻，却没有找到，都回过头来奚落着我当时的窘态。这个令我心跳的插曲，让我想到环境的改变是真实的，不然我们一路行来的时候，怎么能看到草丛里的山鸡一只跟着一只，它们羽毛艳丽，悠然地在那里散步呢。

这个小小的村庄从商、周、春秋、战国一段一段光阴地走过来，不知道为什么，就在某一天这里的人突然集体出走了，是因为气候上的原因？还是因为土质上的原因？我无从知道。我想象不出他们突然出走时的心境，不然小村的美丽为什么没有阻止他们的脚步？也许是男人们带着妻儿老小从这儿出发，去寻找更广阔的生活空间吧。

时间永恒。在古井旁边，尽管这口井的水干涸了，可我觉得时光之水依旧盈满。时光如果一旦失去了记忆，那么一切都显得没有意义。

因为相对贫困的现实，历史就寂寞地躺在这里。又因为一条京四高速公路在这里穿过，沿途不断有惊人的考古新发现，历史在被得以发现的同时又给我们带来了疑惑。尽管考古人员为找到可以相互印证的实物资料而兴奋不已，可是这种现世的通途，能完成一次自红山文化时期开始的古人与今人共同行走的夙愿吗？

朝阳大地处处沉淀丰厚，只要动一动就会有古迹被发现。其实哪一块土地都没有改变，哪一座房屋都还是原样大小，只是主人换了，劳累终生的人走了，被越来越智慧的人所替代了而已。这些人不再从古井中汲水，而是在自己的家中拧开水龙头，干净清凉的水就会哗哗地流出来，现代化使一切变得简洁而简单。而遥想四千年前的我们祖先的故居，凡是这样的地方都会给我一种神秘感和自豪感，寻根老井祖宅注定成为我的自觉文化行动。

一直生活在城市，对于村庄我没有太深的感悟，但有一个叫海子的孤独诗人，对村庄有他自己独到精辟又近于偏激的理解。他有一首诗写的是《妹妹》，虽然实际生活中他没有妹妹，但他通过《妹妹》生发出一种乡村意识，他把村庄想象成一只船，一只白色的船，暗示着他的村庄本色且素淡。我想我弄懂了海子的村庄，找到了他既向往又忧伤的情结。而我所见到的西三家呢？它是否系着我已经磨亮了的四千年的村庄情结？

"前有照，后有靠"，是风水学上的一种说法，西三家古村落遗址就是这样的一块风水宝地，村前广阔，视野敞亮，环村有两条河，虽然现在干涸了，但当年的气度非凡，就在两条河交汇之地并不高大的山脊上，让中国人骄傲的事情接连不断，中科院的科学家在这里发现了翼鸟化石，让世人瞩目。四千年前的人眼光如此独到，全凭文化的照耀。

一边是夏家店下层文化遗址，一边是辽代文化遗址，有些地方还有交叉建构的意思，但却没有传承关系。一切都要从头开始吗？这需要一种力量，一种农民的力量。最原始的农民依仗着自己满身的力气让全家人吃饱穿暖，同时他们还有另一种更加强大的力量：农民是可以改朝换代的，可以让一个地方昌盛，也可以让一个地方消失。农民有农民的气魄，世上的一切对他们来讲都是自然而然的事，顺手拈来，拈花一笑。

朝阳县七道泉子乡——辽代文化遗址

声音诉说灵魂

　　声音诉说灵魂,不知那时的此地叫不叫水泉?水有声音,泉有形状,或者叮叮咚咚或者跌跌宕宕。不知那时的此地是否有欢歌快语的少女?是否有忧郁伤感的少年?2006年的深秋当我站在这里时,庄稼还没有完全收割,玉米直立着比沿途遇到的高出一截,显示着曾经的苗壮。因为万物生长,所以我看不出土地的形状,但黝黑的颜色如同日夜劳作在土地上庄稼人的肌肤,健硕得给人以无穷的活力。这是一块大面积的平地,我环顾四周,四周被远山包围着,我站的这块地方又相对凸起,像是站在一个舞台的中央,这就形成了一个气场,我在努力倾听着声音诉说灵魂的那份真谛。

　　一个村子盛产什么,什么就会成为一种气候,爱好也不例外,它喜欢聚堆。因为任何东西都有个延续,耳染目濡,熏染熏陶嘛。建平县朱碌科镇水泉村那个有水的地方俗称"城子地"。是战国、夏家店下层、夏家店上层文化层。相对而居的刘姓一家四辈在秋后和泥搭屋延续着古老的延续。热情的户主为我仔细讲述这里曾经发生的故事。1978年至1979年考古学家在这里发现了三足鼎、各种陶片,还发现了大量乐器,有口簧琴,陶埙、石磬等,当然他不认得,这些名词是后来从专家那儿听到的。还有当时盛产的玉米、谷子等其他农作物。户主是个有心人,他还记得20世纪70年代生产队率领社员们从此处取土用来铺垫其他地方,原因是这里的土质肥沃,生长的庄稼比别处高壮且高产,还因为这里的土层比别处厚实,取一些土一是不影响这里的土质,二是可以使别处的土地状况改变,以达到增产增收的目的。

　　为什么这里的土质与别处不同?没有人知道答案。可挖着挖着,有大量的尸骨呈现出来,有单人独葬的,有几人排列无序合葬的,此地富含磷,土地肥沃的答案不言而喻。而如今这里一马平川,只是还有一处稍稍隆起,呈曲终人未散的意境。有曲就有成曲的载体,于是就有了口簧琴。在这里出土的口簧琴为骨片制成，中间有一条舌簧状骨片，厚不足一毫米，是我国目前发现的年代最早的口簧琴实物。还有埙，为陶土烧制，椭圆形，中空，有吹孔和音孔，此即《诗·大雅》中"如埙如篪"的埙。石磬作三角形，上端有悬孔，是一种古老的打击乐器，古书上有"击石拊石，百兽率舞"。此外，在出土的青铜短剑及各种铜制品的中间，还夹杂着用竹、木、革等材料制成的各种乐器。水泉不仅盛产乐器还盛产武器。只要没有战事，音乐是最盛行的事了，人们优雅地随着音乐载歌载舞，是一天之后最快乐的时光。

最让我记忆在心的当属埙了，中国最古老的乐器，一个椭圆形、高7.8厘米、细泥烧制的陶制品，它呈灰褐色，上刻有斜形人字纹，是我国东北境内惟一出土的实物。我还想象着那个男子吹埙时的情形，3400年之前的空灵飘逸之音犹在耳畔回响。

那个青衫清瘦的男子一直躲在角落里，用捧在手里的陶制的埙表达着心迹。声音婉转呜咽，如泣如诉，中调的情绪调节着演奏中高音和低音的频率，像他本身是个不张扬却非常重要的角色。表演中那个男子一直没有感情的变化，是因为他的双手掩盖了他的表情？还是因为演奏的曲调不适合？曲终人散，青衫男子依旧穿着长衫，漫步古墙下等候。他在等候什么？等候什么人？那晚月是残月，"天若有情天易老，月若无恨月常圆"，青衫男子知道等不来他意中的期盼，又捧起葫芦状的乐器，嘴对着上方的圆空，食指按着唯一的发音孔，他运了运气，声音通过埙腔的共鸣漫溢出来。最前面的音拉得长长的，那个他等待的女子听到了他悲切的声音已经是泪流满面了，可她不能违背别人的意志，那样的话她和他都得被人耻笑，她不想让她心上人遭受严厉的惩罚，她要他活着，而这种活对他而言是苟且，不如此又能怎样？音乐还在继续，柳的枝条扫荡在青衫男子的发梢，像一只轻柔的手在抚摸一颗忧伤的心灵，"究天人之际，通古今之变，成一家之声"，男子做到了这点也就无怨无悔了。他慢慢地放下手里的埙，倚坐在那棵每晚月色朦胧

105

中接纳他的母性的老柳粗糙的树干上，残月依然环绕着他和他的思绪，眯起的眼睛始终关注着不远处的老墙和老墙上那扇半掩半开的门，企盼有一条身影飘然而至。这仅仅是他的幻想，也是今天我的幻想。那时的人们或许没有那么浪漫，他们有的只是如何生存下去，他们或许还谈不上感情，他们把感情留给了今天的我，让我无端地负累，因负累而忧怨。

这个距今已有7000年的历史，曾一度失传成为千年绝响的乐器，就是埙。埙的性格是泥土的厚重，是燃烧的热情。因为它是泥土制造，又经过烈火的冶炼，它有大地一样的厚德载物般的性格，虽然它没有华丽的气质，可它却有质朴和无法挥发的温度。但它的内心世界有着谁也猜不透的深邃、广大，它包藏着宇宙万物，你会从它的声音里感到生命的力量。

说到声音，埙属于中音乐器，它能"正五声，调六律，刚柔必中，清浊靡失，将金石以同恭，启笙竽而取匹"一看就是中庸的性格。它可以和编钟、调琴瑟、慰笙竽。埙是合群的，然而它又是孤傲的，决不迷失自己的独特和本色，因为其他乐器很难读懂它。埙音，来去无踪，总有一种若即若离的神秘莫测，这就使埙更加孤独，孤傲得有些寂寞，寂寞得甚至丢掉了自我，然而它依然毫不动摇地占据着中国民族乐器家族里最高的辈分，被称为"中华乐祖"、"祖龙吟"，这或许与它的出身有关，埙出身于泥土，女娲就是它的生母。女娲把它制造出来任它在民间流传，它首先是老百姓的宠物，把玩于唇掌之间，后来被选进宫廷，就身价倍增，成了文人雅士的喜爱之物，悠久的来历，使孔子喜欢上了这种高雅的乐器。可埙的缺点是太孤傲面世，以"挫烦音，戒浮薄"示人，一味的"以雅不浅，居中不偏"，不会随世俗而改变自己，于是，埙渐渐失去了大众，脱离了生身的泥土，本来它源自泥土，是大地的声音，是一种非常民间的乐器，但进入宫廷之后，便遭受了禁锢的命运，开始走向下坡直到后来的失传。阳春白雪，曲高和寡，而后埙彻底地在人们的视野里消失了，成为千古绝响。

由于考古求证，今天的埙痛改前非，又回到了大众中间，它已经记住了以往的教训，进而自己把握自己的前程。如今的埙能够自如地演奏古曲《楚歌》、《哀郢》、《阳关三叠》，只有这时它才能回忆起那远古的往事，它还能演奏一些时下流行的如《弯弯的月亮》等流行曲目，甚至也能演奏国外的乐曲《我心依旧》，演奏领域的广阔，使埙的后裔们的性格越来越复杂了，可谁又能品尝出其中的滋味呢？

"月上柳枝头，人约黄昏后"。在2006年清秋时节，为了完成自己的写作心愿，我拜访了坐落在如今巴林左旗的辽上京，在博物馆我兴奋异常，因为我看到了一只涂着淡绿色釉质的典型辽代瓷器的二空埙，这使我关于埙思维的脉络有了延续。从夏家店的陶埙到辽代的着釉的埙，尽管都是二空，但毕竟有了色彩和质地上的进化，文化的传承与演变需要千年的历程，同时惊叹历史的脚步多么的艰辛，并且因艰辛而变得弥足珍贵。

当我走进如今的水泉村的时候，正好是午后三点。秋高气爽，村头那棵标志性的老树还在以其自己独有的姿态生长着，构成一幅绝对美学意义上的绘画风景。斗转星移，树木轮生，我断定它不是当年的那棵树，但我敢保证这是那棵树的遗传，是当年那棵树的种子使今天这里的草木茂盛，是当年的荫蔽为今人遮挡着雨雪风霜，只是当年的"孤村芳草远"，有的是喧嚣之后的寂静和现代人的情感真真假假虚虚实实。"几叶秋声和雁声，行人不要听"，人在这时才有了潜在的悸动，声音是避开热闹的躲闪，是隐忍的，有时的表现是若有若无，如埙。

写这篇稿子的时候，我的手边始终放着一只埙，是埙专家李锐明先生送给我的见面礼物，没有打磨有些原生态意味的。在写作一段落的时候我就吹它，两个拇指按住靠胸前的两个稍大的孔，左手剩下的指头按住左边的四个小孔，右手的食指中指无名指分别按住右边稍大的三孔，小指翘着，但始终没有吹响过。我是个俗人，它认定我不是它的知音，我只是一个热爱它的女子。想起写埙的那天早上，我从文化朝阳的网站下载了

107

许多关于埙文字的记录，读着读着，眼中不知不觉有泪水的充盈，心中更有了一种忧伤，但我知道我还没有忧伤的理由，也不是忧伤的时候。面对文字我还只是感性的，没有深入其中，更没有完全懂得埙及埙乐所表达的内涵。我觉得我有必要走出家门，首先拜访研究表演古埙的李锐明先生，然后再去拜访产生埙的舞台和空间。于是出现了开篇。

当我走进李先生所供职的单位时，我忽然明白他除了对埙产生心里的热爱之外，他所处的工作氛围也极适合他及埙的生长。门口铺天盖地的藤条笼罩着小院，凉爽而意境深远，我说："难怪先生的埙声婉转，先生是古人闲适生活的延续吧。"李先生笑着对我说："自己早已被埙的声音灼伤了，面对埙我有抑制不住的冲动，即使在室内演奏也会把路人引来。"我相信他说的都是真的。因为当我看到有关埙的文字时我就想拥有一只埙，还想埙是否只适合于男人的演奏。听到李先生的演奏，我又想只有清癯的人、内心充满优雅的人才有资格操持，而我总是耽于幻想又非常愚笨。有意思的是，我无论是想写埙，还是拜访埙乐专家，还是进行实地考察埙，都是在秋天的季节。这样的季节与埙亲近，我倍感庆幸。

埙的制作者和演奏者——李锐明

108

素手编织经纬

　　我曾做过纺织女工，所以特别知道以纺织为业的女人的甘苦与艰辛。虽说纺织与女人有着天然的联系，但也不是每一个女人所必须，也有少数的女人不悟此道，但能够生存得很好。当然也有因为纺织而扬名的女人，如黄道婆，我们在历史教材里都学过，做这样的纺织女工是女人梦寐以求的，她让我们在纺织行业工作的女人无比荣光。

　　今天到这里我想见一名与纺织有关的女人，我敬佩她但一直不得相见，我至今还没见过她纺织时的情形。今天我来了，走过3400多年的光阴，在漫长的时间隧道里，因为黯淡的光亮我没有彻底看清当时那个女人以怎样的眼神和怎样的手法连接断了的线头，也没有看清她用了多长的时间织成可以裁剪一件衣服的布料。

　　这个女人就住在如今北票市东官营子乡丰下村西的一块平坦土地上。我的车穿行在村子弯曲且狭窄的小路上，是盛夏时节，路两边的树伸展着它长长的枝条，家家门前也都生长得葱茏，一条小河婉婉转转从山崖下冒出来又曲曲折折滋润着小山村的每一户人家。当时我就想，真聪明啊，我的

北票东官营子乡丰下村遗址

109

先人，他们总是把村子安置在水草丰茂适合生存的地方。这是一个真正意义上的村庄，一个让人一看就心怡的地方。台地高出河约6米，遗址东西长100米、南北宽约75米，属于早期青铜时代夏家店下层文化单纯居住遗址，1972年发掘，被辽宁省和朝阳市人民政府确立为省级文物保护单位。

我提到的那位女人是个家庭主妇。平时男人做边贸生意，就是把自己酿的酒、烧制的陶器贩运到很远的地方，有一次竟然走到了生长海水的地方，还用一鬲酒换回了一块海贝。那可是块值钱的东西，甚至还可以认为它就是钱币，既是装饰又是财宝，一举两得。他把它戴在家中心爱女人的颈上，一是炫耀；二是保险。

还是在初夏的傍晚时分，男人以兴奋的心情匆匆赶路。一想到回家，男人就一脸的幸福，似乎他看到了家里放在炉灶上温热陶罐中金黄的米饭，他还想象着他的女人见到他会以怎样的喜悦姿态扑将上来，请求他的爱抚。想到这儿，男人不由得加快了脚步。还没等"我回来了"的话语出口，女人就急急地奔出门外，手里还牵着一个5岁的男孩儿，那是他们唯一的儿子。其实男人从来就没有说过"我回来了"这句话，他不是不想说，而是他得不到说的机会。因为每次走进家门，女人都是先他一步迎上前来。女人在感觉上总是超前的，对自己男人的回来总是怀有特别的感应。是因为女人的心细？还是因为些什么别的？但我想还是因为女人特别地盼望着男人的回家，就因为女人每时每刻都在辨别着男人回家的脚步，所以祈盼中能够听到熟悉的声音。

男人还没有抵达，女人还留守在那间不大不小十几平方米的房子里。女人很知足，这间房子是她和男人的心血之作，虽然还没有院墙，但她的住所坐落在村庄的中心位置，也属于20几户人家的中等水平，尽管她很羡慕村中带有石头围墙的双室小套，但女人知道比上不足比下有余，她家的后院仅3平方米的圆形半地穴式小房里还住着一位老人呢。

男人还是没有回来，女人哄睡刚才还在玩耍的儿子，搬出纺轮，借着十五皎洁的月光，开始了等待中的劳作。纺轮嗡嗡响着，女人的思绪也跟着纺轮一圈圈的行进，循环往复地思念他行走多日的男人，在什么地方？胖了瘦了？渴了饿了？路上会不会出现什么危险？这次回家还有没有让她心动值得在其他女人面前炫耀的资本？骨梭在织布机上穿行，一块每平方厘米经、纬各10条呈黄色本色调的平纹布纺织完成。抚摸着这块布，女人低头沉思着，如果有能力加密线的经纬，布会更加结实。她为自己大胆的想象震撼着，掏出放在角落里缝制衣服的骨针，我看到这枚骨针时，我也震撼当时女人的震撼，它的大小与现代的钢针相似，具有很高的工艺水平。根据我国有悠久的丝织业历史来看，那时也可能发明了养蚕巢丝业。女人望着这块布，眼中充满了温馨，给男人做件衣服？还是给儿子做？她望一眼睡在旁边的儿子，满足地微笑了，儿子长大了长高了，8岁了，男人很长时间没有看到自己的儿子了。她不能让男人看见

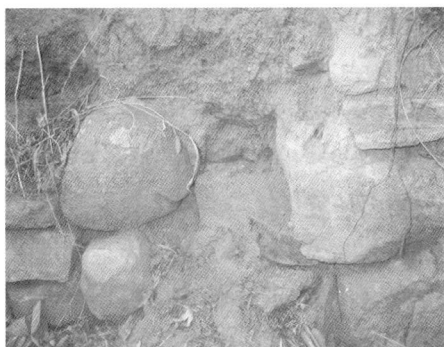

北票东官营子乡丰下村遗址灰层、础基

111

她没有照顾好他们爱情的结晶，她要让男人看见自己的儿子生活得体面。想到这儿，女人又微笑着把骨针纫上麻线，开始了她一针一线的丈量。"弄儿床前戏，看妇机中织。"鲍照《拟行路难》的内容当时的她绝对不知，但是我知，我会在几千年后和她一起享受劳动与养育的双重快乐。

亲情不断的故里，盼望回归的故里。就是这样的一个家庭主妇，没有什么欲望，如果有欲望就是每天坐在织布机前织她的一寸一寸增长的麻布，她的欲望是可以在织布的间歇到树林走走看看，检查她的桑树是否苗壮，蚕宝宝生长得如何？她是一个很淡然的人，她此时最大的愿望就是她的男人尽快地回家。当然她还有一个长远的目标，就是如果有机会她的男人能够把她的家也套上一层用石头围起来的院墙，在男人出门的时候再也不用担心其他动物的侵扰，安静生活。

爱，苦之源。男人的有家不归，是造成女人祈盼的根本，也成为她孤独守望的理由。于是在纺车前她把思念编入亚麻的经纬，把凄苦纺织成一片光阴，最后缝制成一种希望穿在孩子的身上，她希望孩子是她的终身，是她下半生的依靠，更是她的期冀。

儿子突然惊厥起来，女人放下手中的活计，俯下身来观察梦中的儿子，以往的梦境没有这般恐怖。女人抱起儿子，在怀中的儿子依旧惊厥着，身体滚热，烫了女人的双唇。女人慌张起来，抱着儿子奔向前院的大户人家，绕过石头院墙，用力拍打着抹一层草拌泥还加抹一层白灰的房门。门开了，女人站在房屋中看见石铲、石锄等生产用具立在墙边，而另一个墙边则放有各种酒器，当然还有猪骨和牛骨，这是这家主人的必备之

丰下遗址出土的石斧

112

物，是一些具有某种神性的器具。为了寻找多日未归的丈夫，为了唯一儿子的安康，妇人疯狂而虔诚地乞求占卜。"贞人啊，救救我的孩子吧，让我的男人早早回家。"一位当时称作贞人的老者急忙站起身来，面对生命他面目严肃，那是他的习惯，预测占卜驱赶鬼神是他的职业，因为他的神性，村中所有的人对他都怀有敬仰。

烟雾缭绕，占卜用的骨头在贞人的手中哗哗作响，安静，又响起，最后归于安静。女

北票东官营子乡丰下村遗址

人大哭着，呼唤着自己的儿子，同时呼唤着自己的男人，为什么都离她而去？是自己不够勤劳？是自己不够贞节？是自己不够爱护自己的儿子？都不是，是生命的玩笑，是生活让她空房独守，儿子没了，男人未归，即使有了垒起的防护墙，有安全、宽敞、舒适的家居又能怎样？所有的一切都不再祈求。

儿子，8岁的儿子走了，到了另一个极乐世界，孩子不懂生离死别，是还不到懂得的年龄，女人懂得却用什么东西也换不回自己生龙活虎的稚子了。贞人在墓地咿咿呀呀，女人把昨晚编织的麻布用极简易的针脚做成了一件殓衣，窄小、灰暗，儿子实在不到穿这种衣服的年龄啊。老天！不知道是什么原因收走了她唯一的儿子——小脸红红的，毛孔清晰可辨，毛细血管

113

在公元1972年的时候依旧看得清清楚楚。当时一起出土的还有青铜冶炼而成的耳环、指环等装饰物，还有单范浇铸的铜刀、铜镞以及合范浇铸的小型青铜铸件，但这些工艺讲究的东西不归小孩所有，是其他有身份有地位的人的殉葬品。

夕阳西下，农户的炊烟缥缥缈缈，随着淡青色的烟雾，我看见了那个女人依稀的身影：麻布衣衫，长发被一只光滑的肉白色的笄束起着，鬓角的一绺不经意地滑落搭在腮边，眼睛依旧幽怨望向远方，那条通向边贸的小路，还是等待她男人的回归吗？还有那双手，从种树采桑到纺线织布，从生育到抚养，女人承担了人类延续的使命，一刻不停地劳作，使她们的纤纤素手变得粗糙，没有弹性，是失去水分后的干枯。此时此刻，我把女人定位在等待与守候，等待与守候构成女人一生的风景：凄迷、单纯、坚定与决绝。

现代化带领着我们每日向前奔忙，目标飘忽，内心慌乱，一刻不停。是村庄，滞留了我前行的脚步。自从走进村庄，我的目光就像被什么东西牵引着，由东向西，由南向北，不停地来来回回，跳跃着闪着光亮。我真的就不是个历史学家，不是个人类学家，不会把人类的进化归结到一定的理论高度，我所认知的都是一些简单的但绝对对我来说是个问题的问题。怎么都叫了三家呢？又都叫了水泉沟？三家？人都到哪儿去了？人口如此稀少，他们都经历了什么？面对问题，我自己给了自己答案：在中国传统文化的概念中三就是多，三六九为大，文化是继承和转化来的，看来任何一件事情都有些来头。逐水草而居，水是生命源。原来人类生存的环境都一定是要有水的，没有水，一切无从谈起。

一个村庄，一个村庄上的庄稼、房屋、树木、小溪、乐器、男人、女人、孩子和在村庄上行走的所有的一切都从某一个地方走来，又走向某一个地方，也就是说始于行走止于行走。方向却让令人感到无所适从，尽管做了百分百的努力，还是找不

114

到渐进的路线。

也有从夏家店下层、夏家店上层一直到辽，至今人们都选择在此居住的地方，至少有西三家，于是我想从古至今人们的眼光完全的一致，这不能不说人们具有相同的智慧相同的观察力和判断力。他们是邻居但他们没有传承关系，这伙是这伙那伙是那伙，而且都消失得无影无踪，没有任何迹象，这让考古学家们大为挠头。

历史烟尘缥缈，我却依然在此耽于幻想：夏家店人在寒冷的冬天就在地上拢把火，把地烤热，然后入睡。循环往复。浪漫吗？他们什么时候来的什么时候走的，我不能说更不敢说，因为谁都没有确凿的证据，或者是可以分析的可能。我的目光和我祖先的目光定格在井沿，眼神重叠着望向水井。一往情深。

夕阳余晖，我依然沿着我祖辈的脚印在村庄里走来走去，时间颠覆一切，而我的古老的向往却定格在多维的立体空间之上，他们以模糊的概念给了我真实的薪火传承。宇宙一瞬，山川永存。

条件限制的是他们的生存，我的写作却是精神的飞翔，面对前人我尽力了，面对想象，错与不错都有道理。

走过山川走过历史走过自然，面对村庄我还是要停顿下来，生活构成我们的每一天，是他们的生活状态让我在写作的时候，想象着他们原始的激情。一切真实。

虽然村庄里过去的生命已逝，当我的脚我的笔在这里走过划过，我体会到了人与人之间的温情与消失时的果断。还是一篇散文吧，面对情景洋洋洒洒，而就内部却有潜在的规则。面对村庄，面对村庄里的人和事，面对村庄里的一切发生，如果没有背叛，什么都可以商量。

城池·居住在灵魂深处

　　人们喜欢城市胜过喜欢乡村。无论在哪个朝代，人们都向往城市，奔赴城市。城市适合生活，乡村适合写作，而生活永远都是第一位的。人们或者利用考取功名的机会进入城市，或者利用其他手段接近城市。就连作家的写作也往往用城来做最恰当的比喻，钱钟书就写有一部《围城》："外面的人想进来，里面的人想出去。"成为人人会背的关于爱情的经典。虽然当时用来形容婚姻，但它还有具象的城的含义。城是百分百的诱惑，当然不包括从城市里经受了坎坷而厌倦的陶渊明式的失意者。

　　无论是在中国大背景下关照的汉唐长安城、明清紫禁城，还是地方王朝的三燕龙城，渤海国的上京龙泉府，它们带给人们对城的概念及内涵是众多聚集的，是政策的出发地，是集中的权力。一个城是一个区域的灵魂，是生活得到最先的保障，它接受着各方朝圣来的贡品，人们居住其中，浸染着城里的相对文明，行为举止便有了文化的气息。这种气息在经历了上千年心路历程之后依旧扑面而来，我们置身其中感觉它们的若有若无，它们并不遥远，也不偏僻，但它们无论如何也是荒凉的、颓废的，是意念的飘忽和本质的固守。这种文明及文化是一个城市的灵魂，是标志，是旗帜，是家园，是心灵永久居住的处所。

　　一座城池，一次特立的行动；一座座城池，连续不断的行动。

　　都四五年了，一直在走。可再走也没有走出朝阳这2万平方公里的土地，而且越走越具体，越走越集中，越走目光越聚焦，走到最后，目的只剩下了一个，就是张扬我的家乡，我的家乡悠久充满了丰富的文化底蕴。我是一个写作的人，我的工作是用文字记录真实。为了城池的诱惑和心里的那份好奇和责任，在最疲惫最忙碌的时候，依然回闪着最沉重的记忆，做艰涩的笔录。

　　路，一直在延伸，一直在路上。在路上的我以怎样的心态和心情完成这次行走。站在葱茏的玉米地旁，站在断层的土崖之侧，站在曾经用来瞭望敌情的城堡之上，一切都是呈土黄色的。我家园本色调的记忆。尘埃漫卷，而来的还有酒肆茶楼，埙与筝琴，还有沿街的叫卖……诞生在此地的声音，是证明性的语言，沿着声音我走进城池。进入城池，我不能不信马由缰，走走停停，听听看看，隔着时空敲敲打打那随时都会崩溃的土墙古井封泥瓦当。就这样散漫地一路行来，看见了衙门看见了账房看见了光明正大肃静的厅堂，听到了算盘的拨打和琅琅的书声，还有当年的戏台，出征前头领那个激情的演讲就发生在这里。越走，越感觉一种幽远；越看，越映现一种硝烟。它们缥缈着聚拢而来，裹缠着把我推向最后的一处精致的水井，井的周遭还潮湿着，浸湮得岁月便有了浓重温润的色彩，一只孤寂的鸟儿歪着颈项困惑地鸣叫着：你从哪里来？

　　我从哪里来并不重要，重要的是我该向哪里去。出发地厚重充满了生命的激情，而我的目的地却朦胧着，隐隐约约还没有完全清晰，这就出现了懵懂，生命没有目的的行进，这是一段人生的弯路，必须修正。于是我看到那座城池像一个个汉字的符号，巨大的，连排不断的，是感叹！它是时间留下的标记；黑体加粗的逗号，标志着时间还在继续；弯曲象形的问号？询问着那里曾经发生的故事；但我想最好还是省略号……因为它断断续续的形象，残残缺缺的内容。

　　它还像那个地方的胎记，永久地印在了大地的肌肤之上，抹也抹不去。它一段埋在地下，一段耸立天空，在地上的存留都是记忆的：神秘、雍容、倦怠、辉煌，显示着当时的气度。在地下的存留也都是记忆的：隐忍、平实、坚守、无言，同样显示着当时的气度。

战国·硝烟不散中的宁静

我在朝阳大地上行走，走着走着我的双腿不自觉地按照一定的节拍律动，因为我想我走过的城池很形象，她像一架可以长期摆放和可以随时鸣响的长方形筝琴，河流就是一条条的直线，是琴弦；它们合在一起构成了音符，跳跃的、起伏的。我还想起1985年朝阳市被中国音协命名为"古筝名城"，有它的文化含量，这种说法大有来头。如果我们把筝溯源，就到了战国，是燕。应该属于燕，因燕领土的广阔，适合于筝声的悠扬。这种音乐具有弥漫性和穿透力，使之燕的山水具有了无限辽远的意蕴。筝，包含着一种企盼，有些莫名，朦胧得像一个不知何时何地何人做的没有一个完整记录的梦。它的高音强劲铿锵，卓砾盘纡，同样表现一种忧伤，它更孤独更激越。嵇康有论说听筝则形躁而志越。柳中庸在《听筝》"似逐春风知柳态，如随啼鸟识花情。"都写出了怨妇征夫的悲哀；杨巨源的《雪中听筝》，更将古筝的声音置于寒雪苍茫的背景中："玉柱泠泠对寒雪，清商愿徵声何切！谁怜楚客向隅时，一片愁心与弦绝。"则写出了孤独落寞的高人情怀。

只要作战就一定除了筝声之外还有角声。鼓角争鸣的那种声音更是一种悲凉凄切的音乐。在太阳刚要落山的刹那，在万籁俱寂的深夜时刻，在那座城堡沐浴在一片晨曦时候，在边塞要地，秋风冷月中回响着一支角声，起起落落，幽幽远远述说着作战之中的风景和风景中与家人的缠绵。

每个人都心存向往，尽管有时不是自愿，却是必须，尤其对士兵而言。出发便是背负着家园出走。

位于建平县老官地乡达拉甲村是建平县最北部的乡村，在其西南500米处，我看到了燕时的城池，北距老哈河1公里，南至燕长城约15公里，东南接丘陵山地，属于长城线上的边防城堡。城池东西长340米，南北宽170米。城墙为夯土筑成，截面呈梯形，基宽15米，残高2~4米。西墙被冲毁，其他三面保存较好，其中南墙中部有一道20余米长的缺口，当为城门遗迹。

就在那一天，远处的烽火台上，烽烟飘起。有个士兵的头领站在城门口集合着队伍，我的眼前便行走着一行长长的队伍，高举着燕旗，亢奋而紧张地呼喊着"皋！""皋！""皋！"口号似的誓言显示着军威的浩荡。士兵整齐地从城中出发，一个姿态一个口令踏过城门的门槛，用力并足行步，高呼着警告某神，让我出行无灾！我听见了兵士嘴里念着咒语，边念边在地上画个交叉图形，拾取图形中央交叉点上的土揣在怀里，目的是让他们安全并取得战争的胜利，他们在乞求神的庇护和保佑。士兵们出发了，走向战场，空留一座城池，我便沿着它的边缘慢慢地寻找。如今的城内地表仍然散布着绳纹灰陶板瓦、筒瓦和饰有绳纹、弦纹、划纹及素面灰陶盆、釜、罐、豆等器物残片，还有少量的红褐色陶片。站在城的任何一个部位向东望群峰连绵，山峰上的长城依稀，我想象着，士兵们从长城哨卡回到这座城池休息时热闹的情形：支几口巨锅，锅里煮着肥硕的牛羊，这仅仅是我的想象，战争时期有多少时间可以休息？又有多少牛羊供人吃喝？向北望，元宝山的烟囱依然冒着强烈的浓烟，如当年战马一卷而过的滚滚尘土，如今一切太平了。玉米在城里城外茂盛地生长着，秋天就要来临，而我收获的是随手捡拾起的一块来自远古的砍砸器，于是我与同行伙伴比划着先人的动作，充满劳作的神圣。

我理解的城是安逸。为了防范野兽和其他部落的侵袭，他们在聚集地周围挖下壕沟，并将所挖的土堆积在壕沟内侧，形成一道防护带，以此保护自己。伴随着种植业的发展，定居生活越来越稳固，部落周围的防护带壕沟也在技术上日趋成熟。城池，起初之时，因为人们聚居而发展，早在5500年前的牛河梁就是城池的雏形。春秋晚期战国时代在社会上流传一本书，名曰《考工记》，是中国最早记录城池的书籍。其中《周礼》之第六篇为先秦古籍专著，所论百工之事。其中关于都城城池制度，与当时至后来所遵循的实物可以得到印证。"匠人营园，方九里，旁三门，国中九经九纬，经涂九轨，左祖右社，面朝后市。"还记载：城池建设多用方形，方形城池也是后期城池发展的主流。城有城墙，池则是环绕着城的水的结构，是城的一种需要，是两道防护屏障，"所以设险之大者，莫如大河，其次莫如大江。""建邦设都，皆凭险阻。山川者天之险也；城池者，人之阻也；城池也必依山川以为固。"这时的城指的是以城垣围筑起来的中心聚落，内称城，外称郭，防守是其主要目的。所以墨子说："城者，所以自守也。"在朝阳出现的城池与我国历史上各地城池一样，用土做城墙，即谓土筑墙，个别的城墙，用砖包皮成为砖城。在朝阳看到的城池有燕、汉、晋、辽时期，大都方形，土筑，层层夯土清晰可辨，窝眼历历在目。筑城历来就是件大事，是件神秘的事。至于城墙夯土，用土做城墙，至千年不塌，有其独特的工艺。夯土是由人工抬土登上城墙的，都是一筐一筐抬上去的，然后用夯夯实，十分牢固。城墙夯土层有5～12厘米之间，基本上夯层以10厘米为一层这是普遍的。在建造城墙之时，仍然是用脚手架施工，用脚手架补充人体高度。从遗留到今天的春秋到战国城墙上的洞眼看，就是利用脚手架施工的插竿洞眼。燕处北，气候寒冷时筑城土容易松动，遇到这种情况，人们就用蒸土筑

春秋蟠虺纹铜盉
朝阳县博物馆藏

城。先把筑城的土闷入水，然后在阳光下暴晒，半干之时，运土上墙，进行夯筑。这样一来，土质不会松软，也不会成为粉状，在夯打之下，水闷之土即可成为黏结在一起的块状。还有一种办法，就是在筑城之时，将松软的土用热水搅拌和泥，然后再加上夯筑的力量，这样一直到今天我们还能够看到燕时城池的迹象，这是一个奇迹。尽管达拉甲战国城是长城边上的一个附属城，但在无战事的时候，那里的居民有自己正常的生活。

在中国漫长的历史上，生活在北方的居民都循着畜牧、狩猎、渔捞、采集、种植这样顺序合理的生产方式，都采以肉食（兽、禽、鱼、乳）为主，植物食物（五谷、蔬果）为辅的合理的饮食结构。生态环境、生产方式培育了东北人进取的精神，这是东北地区饮食文化创造者不可忽视的一个文化特性。东北之子是头顶万顷蓝天，脚踏千里荒原，有着极为广阔胸怀的。虽然他们用土夯用植树的办法把自己最中心的部位用似乎坚固的形式围起来，却始终也抵挡不住时光的照耀，那缕来自天空耀眼的光芒，被燕子衔来搭住巢穴并穿透时空。

不管怎样的区域划分，我们都属于东北，雪国之民自身有着非凡的体力、心理、群体文化特征，创造了独特的区域文化，而且在物质文明和精神文明两个方面都对中华民族文化共同体产生了巨大而永久性的影响。一部中华民族的民族发展史，一部中华民族的文明史，从一定意义上说，就是草地文化和农耕文化的交融史，就是雪国之民与内地人民共创的历史。从燕国开始，人们就懂得固守和开放。他们开创性地修筑了城池，把自身固定在那个相对稳定的家园，另一方面他们又不肯把思维固定下来，常常把头探出城外，于是看到外面美好的世界，所以他们又具备了丰富的开放性。别的不说，光是饮食就美味着多少人的胃口！"棒打獐子，瓢舀鱼，野鸡飞到饭锅里。"东北的富庶从民谣中得到证实。他们从城池出发，带着他们的炊具，路远回不去家时就找一块避风处，架上树木，燃起炭火，支上陶罐，以烧、烤、煮、蒸、炙等方式，有时做粥，有时烤肉，全凭自己当时的心情和口味。如果想到鱼香那就更容易了，去一条河叉，只需三两下，一条大大的鲟鱼便会乖乖上岸，来到人群当中，人们也不必担心吃掉这条鲟鱼会不会成为生物的破坏者，因为现在鲟早已成为被保护的鱼种了。东北不闭塞，有自己的丝绸之路，还有自己的茶路，也正是因为这种开放性，使朝阳这个地方的历史充满了生机，获得了辉煌的发展。

朝阳属燕，是战国七雄之一，燕国都城是最大的一个城池。燕国有两个都城，分上下两座，上部位于河北省蓟州，下部在河北省易县，于中易水与小易水之间。喀左蒙古族自治县山嘴子乡黄家店城池；建平县老官地乡马家沟村北2里，当地人称"城子山"的马家沟城池、梨树沟村西南4里的山岗上，当地称"西城子"的梨树沟城池、烧锅营子乡的下霍家地城池、张家湾村东山坡，当地称碾盘沟的张家湾城池、二十家子乡九间房村，当地人称"北城子"的九间房城池、扎兰营子村小五家子屯西蹦河西岸的小五家子城池、老哈河东岸的马家湾城池与冷水塘城隔河相对，是扼控老哈河河口岸的军事要塞，所有这些都是长城防线上的城池，起着卫城、障城的作用，当然都是为战争而设。达拉甲的城池同样属于长城上的一座附属城，当初是一位公主的陪嫁，公主走了，城内空空，遗留战旗迎风招展。

汉代·祥和的柳色

　　人，喜欢聚堆。人多了，其他相应的就会发达。城池有了，便有了与之相应的市场和集市，可以说市场和集市在汉代或者在商周时代就已经产生，朝阳发掘的汉代城池当中更是钱币遍地，这暗示了当时市场的繁荣兴盛。

　　古时朝阳处于中国北方环境敏感带的区域，农区与牧区的交界处，并非一条判然有别的分界线，而是存在一条农业与牧业两种不同的土地利用方式交错分布的过渡性地带。在农牧交错带内，既非纯粹的牧区，又非单一的农区，而是农牧并存、两种土地利用方式各自独立经营，生态结构非常脆弱，文化景观上的特点正好反映了自然环境上的特点，即自然环境的过渡性和脆弱性。辽西丘陵属于暖温带半湿润地区的北界，农作物以小麦、玉米、高粱、谷子、马铃薯为主，河谷低地有少量水稻，一年一熟。

　　东汉时的政治疆界与自然分界线是一致的，燕山、努鲁儿虎山一线证实现代暖温带向中温带的过渡地带，东汉时期的政治界限与自然界限的吻合，恰好反映出自然环境条件对人类活动的潜在影响，即自然环境对农业与游牧两种土地利用方式的制约作用。汉，是我国历史上空前发达的朝代，郡县林立，城郭相望，一派繁荣。

　　榆树林子城址位于建平县榆树林子乡炮手营子村赵家店屯西台地上，当地人称"城子坡"。1961年文物普查时被发现。城墙由夯土筑成，仅存城墙北角部分，北墙残存50余米。城墙坍宽15米，顶宽约1～1.5米，存高1～2米。从北墙东端断层剖面观察，夯层厚度分别为9～16厘米，从上至下共有20余层，系由黄褐色黏土夯成，中间尚遗有三排夹板夯筑时插棍的窝圆痕迹。其余城墙因多年耕种，已夷为平地。

　　从城内历年出土、采集的遗物和文化堆积看，该城址经历了三个历史时期：先为夏家店上层文化时期，这一层中出土有红褐陶鬲、鼎足、豆柄以及双孔石刀、穿孔锤斧等；到汉代在此筑城，此层出土有绳纹陶罐、瓮、釜等残片，较多是汉代绳纹、方格纹板瓦和外绳纹内布纹的筒瓦。另据村民介绍，该城内曾出土过铜镜、五铢钱和铁镢等。地表遗留较多的则是辽代的布纹板瓦、筒瓦等。此城位置重要，处于汉代长城八家子农场小五家子至孤家子乡桃吐村段的转角处。在炮手营子和毗邻的大西营子附近的山峦上，汉代墩台遗址仍保存较好，并与朱碌科、喀喇沁乡的汉代墩台连成一体，与敖汉旗老虎山附近的长城线相关连，是当时军事防御体系中的要冲。它的西面有一座坟，就在平地上的田野中，当地百姓就叫它大坟，坟前有两石柱，相距20米立于左右，坟主是谁谁也说不清，但百姓懂得敬畏，从不去动它，就让它安静地立在地上，让墓主安心地下。就在公路边上的榆树林子城址在1985年列为朝阳市文物保护单位，1988年12月20日被批准为辽宁省人民政府省级文物保护单位。位置的提升，暗示着这座城池的价值。

安杖子城址位于凌源市西的安杖子村，有东西两城。西城南北向，南北长328米，东西宽150米。东城略小，南北长123米，东西宽76米。1979年发现。城址有夏家店上层文化、战国、西汉三个时期的文化堆积：夏家店上层文化房址有11座，房址的剖面呈袋形，底小口大，墙壁略有斜度，但较整齐。房址分单室双室两种。一般房址底均在2米左右。在凌源安杖子战国时代房址仅发现1座，东西向，共5间，东西长11米，南北宽4米，屋内有三排柱础，每排有柱础石6块，前后两排柱础紧靠墙壁内侧，中间一排低于地面30厘米。门向南开，房址的中部和西部两处发现有红烧土痕迹，是当时的灶址。房塌后，遗址埋在地下，保存良好，未被扰乱。发现时，房脊的筒瓦的排列方向还可以看清，板瓦两两相对，用筒瓦压缝。房址四周墙壁均以夯土筑成，厚0.5米，存高0.4~0.5米，屋内地面平整。出土的生活器皿有陶豆、罐、甗等，还出土一块西汉时的封泥。房屋的建筑材料大量是战国绳纹板瓦和瓦当，还发现有汉代圆瓦当，反映出房屋使用跨越两个时代，即从战国起至西汉时期。房址的东南角有一灰坑，出土汉代封泥18块。在城址东部，发现一座西汉时期房址，东西长10.5米，南北宽11米，是所有房址中面积最大的一座。房址的东西南北各有七排柱础均深入地下0.3米，除这七排柱础外，房址内另有两排六个大的柱础，柱础均为平整的长宽各1米以上的自然石块，柱础均放在方形夯土台上，略高出地面。该房址所用板瓦外面多施旋纹，出土的半瓦当和圆瓦当，在纹饰上，半瓦当为饕餮纹、山字纹、双鹿纹、简化兽面纹、植物纹等；圆瓦当为"千秋万岁"和云纹。封泥共发现了19块：郡一级2块，阳文隶书，笔画较粗。县一级的17块，阳文隶书，笔画较细。其中有"右北太守"1件，"右笑间左"1件，"广城之丞"4件，"廷陵丞印"2件，"当城丞印"1件，"丞之印"1件，"父阳丞印"1件，"无终□□"1件，"昌城丞印"2件，"泉州丞印"1件，"白狼之丞"1件，另有4件字迹不清。以上封泥，除当城属代郡，泉州属渔阳郡外，其余各县皆为右北平郡辖县。其他遗物有带"石城"字样的陶片3块，刻有战国文字的陶片2件；带有"石城"戳记的陶片1块，泥质私人印章2件。生活陶器类有罐、瓮、甑、釜、豆、盆等；生产工具有16个齿的齿轮、钻头、铁铲、锛、凿等；货币类有刀币和布币，最晚的是西汉货泉。安杖子古城址是辽宁省保存较好的一座重要汉代城址。但不管是什么，它地处中原通往漠北的交通要道，是古代兵家必争之地。秦汉时期设郡治平冈，以扼守燕山北口，称之为平冈道；曹操北征乌桓，筑卢龙城后，又称卢龙道。无战事时是北方边民与中原民族进行经济文化交流的交通要冲，战争时期又是出师征战的军旅咽喉和陈兵备战的前沿阵地。西汉的封泥云集古城，反映出国家军、政机要密令在这里来往频繁。

袁台子柳城城址位于朝阳县十二台营子乡袁台子村东北的台地上，现存东西宽110米，南北长100米，灰烬最厚处近5米。有水井两眼、大型粮窖三座，窑两座，圆形窖穴40个。在城址东南王坟山西坡发现了汉墓50余座，属于墓葬区。出土有陶釜、瓮等，有的板瓦上印有"柳城"字样。应是西汉辽西郡柳城县城。像这样的县城还有朝阳松树嘴子城址属于辽西郡狐苏县城；喀左黄道营子城址属于西汉辽西郡的白狼县城。城址最多的还要数建平县，张家营子城址在建平县张家营子乡张家营子村南，该城是20世纪70年代考古工作者在寻觅湮没已久的汉长城时发现的，土筑，是西汉时期北方长城沿线上戍边驻守的重要城堡。西胡素台城址位于建平县三家乡西胡素台村东南、当地人称为"城子里"的一处河川地上。城址西约百米为老哈河支流小河子，"依大河以为固"。扎寨营子城址位于建平县万寿乡扎寨营子村东"土城子"的低洼台地上。它们都太整齐、太规范，在形式上几乎没有什么太多太大的变化，因此我无法对其进行关于文学的描述。这里对汉时的写作成了复写，没多少创意，其实面对一座座城池也不必创意，不可能再进行创意，虽然二度创作有可能出现奇迹，但在这里却显得苍白，没有具体的实在，还是尊历史本来面目吧！

但我还有能力对其进行一番比喻，它像汉时写作兴盛时的文体——赋。这是一种独特的半诗半文押韵的文学形式，萌芽于战国，全盛于汉，汉赋也称古赋，极尽铺排之能事，在行文中极力展示自身的华贵，以罗列名物以为能，包举万象以为备，意境幽美。所以有了写人的贾谊的《吊屈原赋》，有状物的谢庄的《月赋》，还有写情绪的江淹的《别赋》。状难写之景，含不尽之意。更有写与城池有关的班固的《两都赋》，张衡的《二京赋》，杜牧的《阿房宫赋》，苏轼的《前赤壁赋》、《后赤壁赋》。"迁都改邑，有殷宗中兴之则焉；即土之中，有周成隆平之制焉……"在《两都赋》中，它先交代了西都"左据函谷"、"右界褒斜"的险要地势，后描写了"既庶且富"的繁华市井，然后又铺叙了"体象天地"、"经纬阴阳"的富丽宫室。而张衡的《二京赋》洋洋洒洒，八千余言，篇幅超《两都赋》一倍有余，也是以赋观才，定人身价之作。我倒是觉得他们所描写的可以以城观世，展现的是都城当年。还有南朝近200年间最优秀的赋作之一《芜城赋》，作者鲍照，赋中写了"南驰苍梧涨海，北走紫塞雁门"的地理位置，还有城市"才力雄富，士马精妍"的全盛，写了城隍建筑的"格高五岳，袤广三坟"的广阔，主旨是通过城市昔日繁华、今日荒凉残败抒发一种天道无常、富贵无常、年命不保的人生凄凉，隐约地批判了统治阶级内部勾心斗角、自相残杀、株连无辜，致使万民涂炭、城市荒芜的罪行。更有现如今《光明日报》社举办的"全国百名城市赋"的征文活动，朝阳列位其中。纵观赋体，讲究的是铺叙、浩瀚、壮丽，这是它的质性。多半长篇赋的写作都是关于城池，关于建筑，也有的关于情感。但不管对一种物体怎样描述，太阳东升西落，日复一日，年复一年，生活依旧，断壁残垣艰难地活着，却残喘着说不出话来，说出来的也只是当年的只言片语及今天的幽幽怨怨。

三燕·翻飞的燕子

当你站在朝阳大地上瞭望，一座山脉一条河流一座即使荒废的城池，一股古老的气息就会如风拂面，充盈你的思维占据你的心灵，你就会自然而然没有疑问地投入其间，任凭时空把你带到朝阳的远古，并由远及近，你便会看到无数的连台大戏在不断地上演。

朝阳有其独特的文化魅力，是中华5000年文明发祥地之一。她的历史可上溯到15万年前的旧石器时代。牛河梁女神庙、积石冢和"红山文化"遗址的发现，将中华民族的文明史提前了1000多年，被考古学家称为中华5000年前的文明曙光。

朝阳不但在中国北方开三皇五帝时的远古文明之先，而且在政治、经济、文化方面也占有重要的位置。曹操北征乌桓，登白狼山，使柳城在秦汉时就成为东北重镇。三燕也曾建都于此，使龙城成为东北最古老的历史名城。就是这座城给人留下太多的骄傲和太多的悬念，所以朝阳有了一首著名的《慕容皝

朝阳市北大街三燕龙城城门发掘现场

大筑龙城歌》。"天地造化真巧手，有者化无无化有，沧海自古无常形，唯有浮名能耐久。昔有慕容皝，才具敏且明，生当晋室偏安日，五胡割据幽并营。皝亦窃帝位，选胜筑龙城。崇墉言言坚且宏，其中宫殿何峥嵘，金汤之固岂遽倾。谁料美者难终美，曾几何时归残毁，行人遥指狼河西，唯有断垣与废甃，当年胜迹付流水。白雀园，凤凰门，于今剥落无一存。兴中置州郡，曾历辽金元，岂是尔时未暇与培补，不然何遽委嵩蘩。君不见，关帝狼山碑尚峙，摩挲苍苔东遐思，霸图转眼化尘灰，不如名流数行字。"这是朝阳诗人沈芝写于清代。随着时间的推移和考古科学的发展，这个多年萦绕人们心中的疑问终于展现在世人面前，现在朝阳人有更充分的理由说：这就是我们曾经的都城——三燕龙城。

东汉末年，中原战乱频繁，百姓流离失所。鲜卑慕容部占据辽西，形成了一个相对稳定的地区，吸引了大批中原流民。鲜卑民族是融合了匈奴、丁零、柔然以及部分汉族流民在内的北方游牧民族，北方游牧民族的入主中原，不仅带来了其自身极富的生气与生命，而且更带来了欧亚大陆草原民族文化的各种信息，从而促进了东西文化的交流和发展。这些逃过来的中原人，为鲜卑慕容部带来了先进的思想文化和农业生产技术，加速了鲜卑慕容部的汉化进程，壮大了力量，使其不仅统一了东北，而且进一步争雄中原。公元337年慕容皝称王，国号燕，定都棘城，称前燕。至于棘城，古今学者多有记述。《通典·州郡典》柳城郡："汉徒河县之青山在郡城东百九十里。棘城即颛顼之西，在郡城东南百七十里。"也就是朝阳的东南，1995年在辽宁省考古学会第四届年会上有学者通过实地考察及对书籍的考证提出棘城就是朝阳的五佛洞城。1996年又有学者进行了新的探索，发表论文说，棘城在今天的北票三官营子。慕容皝4年后迁都龙城，也就是今天的辽宁省朝阳市。后来前燕打败了高句丽等其他部族，成为东北霸主。慕容皝从称王到灭亡经历了33年的时间。前燕在向四周用兵的同时，大规模构筑龙城，龙城附近人口猛增，龙城的城市规模不断扩大，逐渐成为东北的中心城市。

慕容皝字元贞，小字万年，是单于的妃子段氏所生，年轻潇洒，身材高大，智慧超群。建立前燕后，在龙城新建和龙宫兴办教育，建立东庠。东庠拿今天的话来说，就是一所国立大学，办学伊始，慕容皝自编教材，招募学生近千人。慕容皝也克尽职守，每月即使公务再忙也要到东庠走访巡视，考试学生，身份相当于现在的督学。一个皇帝如此重

朝阳市北大街三燕龙城城门遗址

视教育，所以东庠学风极好，学生更是以学为主，成绩优异，在学生毕业之际，慕容皝亲临考场，对学生严格考试，选品学兼优者到身边任要职，所以学生的学习更加来劲儿。一边是实抓实干，一边运用神话统治，是统治者惯用的伎俩。相传，办学之后有一天，慕容皝在龙山看见一条黑龙和一条白龙交首嬉戏，慕容皝率众僚观看后大为高兴，赦免了死罪犯，把居住的新宫改为和龙宫，又建立了一座龙翔佛寺，赐大臣的子弟为官。建燕十五年七月，慕容皝又看见一老者骑白马，手里举着作战用的旗子，他想，这绝对不是打猎的人，但这人到底是干什么的呢？问身边的人，左右侍者也不知道是怎么一回事。到了八月，慕容皝又看见一只白兔，于是飞身上马箭射白兔，谁料想，白兔没有射中，马却失了前蹄，慕容皝掉下马来，一头

撞在石头上，受了伤。没过几天，他的伤势越来越重，九月死于承乾殿，那一年，他52岁。他的儿子慕容俊接任皇帝之位，追谥他为文明皇帝。

公元383年淝水之战前秦苻坚失利，已降前秦的鲜卑贵族慕容垂复国，公元407年在慕容熙的手中灭亡，称后燕。这个慕容熙是个好色之徒，他曾与后燕三世慕容盛的伯母丁氏结下一段情缘。公元402年，后燕王慕容盛死于内乱，丁氏与慕容熙通力合作，扫除障碍后慕容熙登上了皇位，正当丁氏与慕容熙在兴头上，不料想被龙城的中山苻谟的两个女儿"撬了行"。丁氏并不甘心，百般娇嗔，慕容熙也无动于衷，以后竟恶语丁氏，丁氏这才醒悟，暗中记下了这笔情债。走上绝路的女人是可怕的，丁氏为慕容熙对自己的态度气恼，决心惩治慕容熙。丁氏伙同家兄之子兵部尚书丁信谋反废除慕容熙，谁知计策被慕容熙识破，处斩了丁信，赐丁氏一死，丁氏不得不饮恨自尽。

慕容熙没有了丁氏这个障碍，对二姐妹恩爱有加，号称大符、二符，整日凤倒鸾颠，交相宠幸，为了博得新宠的欢心，不久，立大符为昭仪，二符为皇后，追封丁氏为献幽皇后。此昭刚下，又调民工2万修建皇家园林——龙腾苑。

有事没事，现在的人们经常去龙腾苑那个地方游玩，它就在离朝阳市区不远处——凌北乡木营子村后，现存有一座土山，当地的老百姓叫它"团山子"，距今1570年了，现在它的周遭是一片片的菜地和庄稼地，农人们也每天耕作在那块土地上。这座皇家园林占地约十余里，不仅有"基广五百步"、"峰高十七丈"的景云山，还有"逍遥宫"、"甘露殿"等建筑群。

慕容熙还在园内开凿了"天河渠"，把大凌河水引进宫苑，又修了"曲光海"、"清凉池"等大小景观。大符在修苑当年暴病而死，慕容熙大为悲伤，车裂医师王荣，然后焚尸祭奠。慕容熙为使二符开心，下令建造一座比原宫殿高出一倍的承华殿，施工时因缺少黄土，慕容熙便命民工到远处背土，朝阳便有了"龙城黄土贵如粮"的民谣。宫殿刚刚建好，哪知二符也没福享受，命赴黄泉，慕容熙郁闷在心，杀了许多人，包括他的嫂子张氏也为二符殉葬，大臣们个个都得去吊唁，倾城治丧，制作的灵车华丽高大，行经城门时横竖过不去，慕容熙下令拆毁城门后才得通过。送葬途中，慕容熙披头散发，衣衫不整，光着脚丫，亲扶灵柩，大失人君风度。

慕容熙送葬爱妻之际，中卫将军冯跋、左卫将军张兴在城中政变，送葬途中的慕容熙听说了，自觉大势已去，慌忙遁入龙腾苑，结果被捉送高云处斩首，后燕从此灭亡。慕容熙的一生与女人有着不解之缘，是女人保他登上王位，又是女人让他走向坟墓，他的江山倾覆，是因为他身边有太多的女人呢？还是因为他在女人面前不能自持呢？历史留给我们的思考是深刻的。

公元407年高云与冯跋起事，冯跋是后燕慕容宝的中卫大将军，字文起，小字乞直线，祖籍长乐信都（今河北冀县）。慕容熙时曾遭怀疑逃至山林。而慕容熙倒行逆施，昏庸无道，为了享乐不理朝政，民怨极大，便乘慕容熙为二符发葬之机发动政变，推翻了慕容熙统治，立慕容宝养子高云为帝，不料高云寿短，公元409年被手下谋害，冯跋在黄龙自立，建立了北燕王朝，年号太平，黄龙也就是今天的朝阳。

在冯跋自立北燕王时，北魏灭了北方各割据政权，十六国将覆，但冯跋即位后为赢得民心，实行了"薄赋敛"、"省徭役"的政策，废除了后燕的苛捐杂税，减轻了百姓负担，民心稍安。冯跋还十分重视人才和教育工作，建立了太学，亲选教师为之授课。在政事上冯跋励精图志，赏罚分明，勤于政事，严惩贪污受贿官员。在外交上，采取远交东晋朝廷，近扶弱小民族的睦邻政策，有力地牵制了北魏王朝。在经济上，冯跋

朝阳市北大街三燕龙城城门发掘现场

132

的做法尤为突出，最典型的发展经济的手段之一是"劝课农桑"。

天地玄黄。古老的朝阳不知桑为何物，一直到公元294年颇具远见的慕容家族从江南引进桑树。公元414年，冯跋颁诏，意思是：现在我统治的天下已无内忧外患，百姓安居乐业，只是还有大片没有开垦的土地闲置，土地管理人员没有发展的眼光，只有的小块土地让老百姓自给自足，这太难为人了吧！如今政策已定，要在荒芜的沃土上种桑养蚕。种桑的好处太多了，百姓会拥护的。现在这个地方没有桑树和柘树，百姓也没有看到种桑的种种好处，没有想过种桑可获得巨大的经济利益，但我们不妨利用行政手段命令老百姓人人种桑，每人种100棵桑树，20棵柘树。于是一场大规模的群众植树造林运动拉开了序幕，也许这就是朝阳人第一次过植树节。通过此事可以看出，冯跋这个人不仅有政治远见，而且还有经济脑瓜，还很会做百姓的思想工作，从他推行的植树运动可窥一斑。这场运动是他倡导并实施的，带有行政指令性，由政府自上而下地推行。除此之外，还对百姓晓之以理，用经济利益进行引导。在道理上讲透，利益摆明之后，他又规定了每天必栽的树木，官员限期检查，是不是还规定了如完不成任务要接受处罚呢？

皇帝英明，百姓聪明。一时间全国上下轰轰烈烈地种起桑来，从此荒芜的土地生长出郁郁葱葱的桑、柘树，蚕宝宝在美滋滋地吞食，吐出无数条晶莹洁白的蚕丝。纺线、织布、易物，热热闹闹，百姓受益匪浅。到公元1000年左右，龙城及邻近地区已遍地桑柘，故生产出的蚕丝质地优良，被称为太后丝，经济活跃。

北燕后期连年干旱少雨，而且又发生地震，宫内因皇位继承问题发生内乱，国力逐渐走向下坡路。公元436年，北魏大军攻打北燕，高句丽乘机攻入龙城，将龙城府库掳掠一空，又放火焚毁了龙城宫殿，这就是我们常说的三燕古都，虽然都是些地方王国，但在中国历史上尤其在北方起着非同一般的作用，龙城作为前燕、后燕、北燕的都城99年，期间逐渐成为当时东北亚地区的政治、经济、文化中心，三燕文化对北朝、隋唐以及朝鲜半岛、日本列岛文化的形成都产生了深远的影响。

公元2004年中国考古发掘最重要的一次发现，就是后来被称为该年度十大考古发现之一——辽宁朝阳十六国三燕龙城宫城南门遗址。城门遗址位于朝阳北塔东南300米，包括大型夯土城门墩台、石砌门道、向南北两侧延伸的石子大路、砖路和东西两侧的城墙。城门墩台由两个东西对称的大型夯土台基构成。

三门道证明这是座都城。通过考古发掘，发现"龙城宫城"正门先后经过前燕、后燕、北魏、唐、辽五个朝代的建设。第一期门址有三个门道，两侧有向东西延伸的城墙，门址和城墙都用纯净黄土夯筑，质地坚实，夯层清晰，夯层厚80厘米。按中国古建筑的等级制度，只有都城的城门才允许开设三门道，据此推测，第一期门址当为前燕始建龙城时所筑，是龙城宫城的南门。第二期门址在一期门址基础上改扩建而成，仍为三门道，推测二期门址建于后燕，毁于北燕灭亡时。第三期门址形制发生了较大变化，主要是把东、西两门道的南端用夯土堵死，中门道继续使用。两侧门道未堵的空间填满了堆积土，出土有北魏莲花瓦当和隋五铢钱。第三期门址当为北魏时期所建，沿用到隋代。第四期门址在北魏基础之上进行了大规模的扩建，门墩的南北两端和城墙南端都进行了增补。门墩平面呈长方形，底部东西长34米，南北宽23米，门墩南北两侧均有包砖。门道长4米，其北部发现一条南北走向砖道，残存25米。根据夯土外包砖的形制和层位关系判断，第四期门址当建于唐代。第五期门址的方向和格局都依唐代之旧，但范围有所缩小。门墩底部东西长约32米，南北宽20.5米。门墩外围均用砖石包砌。门道宽5米，长20.5米，地面用大石板铺砌，两壁包镶木板，其下置础石，上承木柱，门道内堆积了大量的被烧成木炭的粗大立柱和红烧土块等，表明此建筑最终毁于一场大火。推测第五期门址始建于辽代，沿用至金元，废弃之后没再重建。

更令人惊奇的是，作为"三燕故都"的内城门道，修筑已相当讲究。早期的门道地面铺一层黄沙土；中期唐代的门道又发展了一步，道中间铺了2米宽的砖路；而晚期的门道更是气势恢宏，不但路宽拓展到5米，还全部以200厘米长、80厘米宽的长方形大石块对缝铺设，排列整齐。在刚刚发掘时，在翻出的土层中，人们不时地发现建筑构件、陶器、瓷器、骨器、石佛造像、陶佛造像、石夯锤、玉器、铁器、铜器、铜钱等遗物，附近百姓每天用小铁耙梳理推土机翻过的沙土，收获使他们兴奋了很长一段时间。在七号地点发现了多件刻有北燕"太平"年款和制作工匠姓名的陶瓷。此外，在朝阳南塔北侧50米、双塔街南口还发现了一座辽代藏佛舍利石宫。石宫平面呈长方形，由大石板砌成石室，外面包砖。石室内藏一长方形石函，石函内外均施彩绘，函内藏有佛舍利、鎏金佛像、银钵、银菩提树、白瓷净瓶、白瓷香炉等物。石函旁立一长方形石碑，刻《佛舍利铭记》，时为辽圣宗统和二年，即公元984年。众多的文物显示着古城的繁华，是1600年前中原文化、东亚文化、草原丝绸之路的汇集地。

2005年8月，还是在老城区改造过程中，在已发掘三燕宫城故都的遗址基础上又有了新的发现。发掘出龙城宫城（内城）北门及其瓮城遗迹。位于燕北新村东，距北塔约300米，发掘面积2000多平方米，有夯筑的城门、城墙和相连的翁城。瓮者，内部空间大的陶器。用这种思考方式来建设古城门的瓮门、瓮城，即是城门外之小城。我国古代建城池需在全城重要的选定位置城门，古城门之外再建设小型城池，也就是说，当人们出入城门时，先从这个小型城曲折出入，这就是瓮城，它的作用显而易见。北门瓮城遗迹南北长21米，底部为砌筑的护坡石墙。在百花文艺出版社出版的张驭寰著的《中国城池史》中有一种记载就是瓮城是城门外修筑的月城，起着增强城池防御能力的作用。这座三燕城池的瓮城高厚与城墙相近，起到的也应是防御作用。北门的发现使三燕故都的宫城范围展现在朝阳人民面前，宫城南门的内城城墙向东延伸约110米又向北折，在营州路东部尽头，原东街小学以东，大凌河护堤坝以西20米，距宫城南门300余米地下为南北走向的城墙夯土，考古学者判断古城外城东城墙、东门和城墙东北角都能够保存下来，只是现代建筑遍布，一时无法开掘。外城南门和南城墙位于胜利桥一带，1991~1992年改造五一街时，在街路东侧发现外城西城墙，接着老城改造发现南城门，再后来探明内外城门及东城墙和内外城共用北门及北城墙，惊喜不断。

方位的确定让人们看清了古城的形状：依地势而建，东有大凌河水，呈南窄北宽的铲刀形，营州路是横贯东西的主道，内城南门经清代建造的佑顺寺至外城南门是一条南北主道，两侧为南北辅道，符合中国古城池建设标准。其实中国的古城，绝大部分，或者说70%以上的城池平面都做方形。最著名的龙山文化时期的藤花落古城是略做长的方形，我国唯一的正圆形城池在安徽桐城。当然也有极少不规则的城依山就势，不像高句丽的城几乎全部建造在山顶。

十六国时期整个中国北半部都为鲜卑族所统治，当属民族大融合时期，至唐代达到一个高峰，成为世界顶尖级文化。从公元3世纪到8世纪的500多年间，朝阳一直为东北地区的政治、经济、文化、军事中心所在。中原王朝经营东北地区，联系、安抚东北少数民族都是以朝阳为重心和中介实现的。所以三燕故都遗址的发掘与发现显示着朝阳在古代独特的人文魅力，也是朝阳文化底蕴最有利的说明。

朝阳市北大街三燕龙城城门遗址

辽代·狼旗猎猎大漠风

在我最早关于城池的记忆中，应该是我搞地方志的第一年，1985年的秋天，在北票的黑城子，至今整整20年。20年之后又把曾经已经古老的话题又重新提起的时候，我还竟为之感动。那里有朋友的家，有老师在优美的文字中对它的描述："曾有许多次，我在中午时间或放学之后，就那样一个人坐在已经颓败的北城墙上，望着远处静穆的黑树林发呆。那片树林也叫高音树林子，高音是什么人？他是最先种下这片树、拥有这片树的人吗？或者他是某个皇帝派来经管这片树的人，就像那本前苏联小说里写的，他是个林务官，是美丽的冬尼娅的父亲？现在看来很可笑，当年的我竟如此耽于幻想。"当然老师对这座城池还有其他更精确的表述，但在这段文字中看得出，这段城池的城墙已经成为他童年游戏并思考还有他对文学美丽的幻想并从此出发的家园。至于这座城池当然更有其他朋友叙述的关于它的其他文本。

城址平面为方形，每面长约1公里，城墙用土夯筑。城四壁各有一门，四角设有角台。现在北墙最高，东墙北部还算完整，层次还很清晰，是察看城墙构造的最好位置，东墙上还有现在种植的杨

北票市黑城子河

树，高大挺拔，亭亭玉立，中间还能走人，附近有所学校，我想在考试前夕它应该是最好复习功课的场所，既静谧安然又优雅浪漫的所在。城内曾出土石磨、铜盆、大缸、铜锅、瓷碗、砖瓦、滴水及铁质的农具。在城内还出土了元至正五年（公元1345年）《重修川州东岳庙碑》，碑文有"白川岳祠，奠于坤隅"，碑阴有川州达鲁花赤题名，是黑城子古城元代白川州所在的物

北票市黑城子乡川州城遗址

证。更出土了辽开泰二年（公元1013年）《佛顶尊胜陀罗尼石幢记》，幢尾结衔有"金紫崇禄大夫检校太傅使持节白川州诸军事白川州刺史"及"白川州咸康县令"等字样。黑城子村古城，本为辽川州宜民县，后将州治从咸康迁至于此。从那时起城池里出现了大量的商店酒楼各种货栈，一改城池里的封闭状态。

存在万变，但宗旨不变。各城池的设置都有着自身的系统规划，既方便，又能体现出防卫意识。水是万物之源，有城必有水，水对于城有几种功能：一是生活、生产用水，二是防护用水，三是交通用水，四是降温、卫生用水。水对于城至关重要，因而引水入城中，怎样贯通，如何运用支流以及各种桥梁的设置至关重要。有城必有池。壕与池相同。因为是挖土筑城，必然出现城壕。城壕引水又利于战备防御，于是黑城子河就在川州城址的边上蜿蜒流过。其他的城池也是一样，燕时达拉甲城池一公里处的老哈河，汉时西胡素台城池边上的小河子河；龙城边上的大凌河；辽时惠州城池边上的蹦河等等，只是城池的不同，河流的名称不同罢了，不管是战国，还是汉，还是三燕，还是辽。方形的城，弯曲的河流，呆板方正，弯曲流淌，

北票市黑城子乡川州城遗址

有动有静，动静结合，如美术视角上参差变幻的构图，对比非常诗意。

　　辽代州城太多，不过由于辽末残酷的战争大部分被破坏，因此许多城池只有城墙，更因为辽都是平地城，因而毁坏得更容易。辽代统治者大多数崇信佛教，他们在州城建设时，首先建立一座寺院，有的建在城内，也有的建在城外，这是普遍的规律。统治者都是迷信的，马背上的民族也是。《辽史·礼志》："瑟瑟仪：若旱，择吉日行瑟瑟仪以祈雨。前期，置百柱天棚，及期，皇帝致奠于先帝御容，乃射柳。……又翼日，植柳天棚之东南，巫以酒礼黍稗荐植柳，祝之。皇帝、皇后祭东方毕，子弟射柳。……既三日雨，赐敌烈麻都马四匹，衣四袭；否则以水沃之。"同样的迷信色彩，让人感到充满异域风情的辽代城池景象与汉人的创造大同小异。每个城池里都有许多类似的建筑群，如宫殿、衙署、寺院、庙宇、书院、民居等等，一切都是条理的。条理是顺应，是规律。

　　坐落于朝阳县大平房镇的黄花滩村南侧的大凌河冲积平原上，有一座名叫黄花滩的城池，名字形象如成片盛开在那块土地上的黄色花朵，它的北侧还有一座八角十三级密檐的砖塔。出土了大量的辽粗白瓷碗、盘、罐残片，定窑细白瓷碟、盘、碗残片、黑釉碗、罐残片，还出土过金代双鱼纹铜镜，边款有"建州官"等字验记，是迁徙后的建州永霸县故址。朝阳还有五十家子城址，位于朝阳县西营子乡五十家子村，地处小凌河支流"双龙河"西岸台地上，"安德州古城遗址"石碑就立在路旁。不远处还有古塔一座，当地俗称"青峰塔"，亦称五十家子塔。这座城池，学术界倾向辽中京辖下的安德州治所。附近也是一座小学，琅琅读书声还在，赞颂的当然是家乡的悠久。凌源

辽代川州碑拓片

139

朝阳县五十家子辽代安德州塔

十八里堡为辽代榆州及其倚郭和众县城址。喀左土城子为大定府所辖的富庶县，元时为大宁路属县。还是在喀左，白塔子城址为辽代潭州及其倚郭龙山县城址。

建平八家子城池也叫做惠州城池。当年属于辽中京道所属的惠州，小城为惠和县。我去看它时正值玉米收获期，那些等待收割的玉米让我感觉出了这块地方的老成。果如其然。从它东北角的蹦河到它保存最好的东南角，南墙长638米，西墙长592米，北墙存长150米，东墙长390米。城墙存高2～4米，底部宽12米。城的四角有角台，有人也叫它角楼，角楼者为城墙转角之楼也。城墙是防御性的建筑，那么角楼就建在城墙的转角，可以观察两面方向乃至四面的方向，它是登高远望的哨所。角楼的发展起初是由于住宅里的望楼，从望楼开始，当住宅扩为宅院之时，在宅院四角建角楼，人们叫它炮台，为防卫大宅院的安全而设立。

我们的先人聪慧敏锐，他们会根据具体情况具体分析去解决遇到的情况与问题，并且颇有见地地利用自然高台来做城墙，这一点令人慨叹不已。也就是说，把城池全部建在高台上，四面就利用高台建筑的台基之侧面作为城墙。侧面之土如果不齐整，就进行修理。由于高台台壁是垂直的，从外观来看犹如城墙，而且

建平县八家子乡惠州城遗址

坚固异常。

我们的车一直开到西南角下，登临高6米，底径18米的角台，举目向各个角落张望：城内许多建筑基础还在，城中部有一处较高的大土丘，周围分布有七八个大小不等的土丘，是大型建筑群址的遗迹；在城内中部还发现古井一眼，现用大石板覆盖。城外8米处有护城河，宽20米，存深1～1.5米；城内东南角筑一内城，方形，边长85米，四角亦筑角台，西墙中辟一门；城外亦有护城河与大护城河相通。

更值得一谈的是距城北约500米的山坡上有一座小城址。东西长235米，南北宽200米，墙存高2米，底宽8米。四角亦筑角台，城墙外每隔40～60米筑一马面，城内偏北部尚存大石臼，城北约2.5公里即塔子山，是这一带较高的山峰，山上有一砖塔，如今只存塔基，它们与大城池处于同一中轴线上，应与大城有密切关系。看来在辽代对城池的建设有了相当发达的设计与构想。

走过了许多城池，给了我许多文化上的感受，"文化"即"人化"，这个特征在辽时更为突出。在政治上辽"以国制治契丹，以汉制待汉人"，但在文化上辽遵汉制，以孔门儒学为主导，他们所建设的城池仍然是方城，遵循历史而来。英国著名学者李约瑟在他的巨著《中国科学技术史》中对中西建筑文化进行了比较。李约瑟认为，中国的建筑忠实地表达出中国伟大的理念。首先，人类不能视为是独立于自然的；其次，人不能与社会分离。不论是在那些壮观的神庙和宫殿建筑中，都存在着一种始终如一的秩序图和有关方位、季节、风向和星象的象征意义。中国人喜欢运用相对而言并不持久的木头、瓦、竹子等材料来建造所有具有灵活功能的建筑，中国的建筑利用地形、树木群山中的每一处自然美景，这一点不仅真实地体现在北京城边颐

建平县八家子乡惠州城遗址

和园这样美妙非凡的建筑中，也同样体现在普普通通的四川民居中，民居通常是周围环绕着打谷场，背倚一片竹林，在它所在的山谷上方是层层的梯形稻田。南方如此，北方亦如此，虽然没有背景的竹林，依山傍水是这个城的必须。

辽地是多民族聚居区域，辽北以契丹人为主，他们骑快马，他们是健儿。契丹人驯养海冬青，以便大规模地猎取天鹅。辽每年都要契丹供奉海冬青，这一举动加快并导致了辽王朝的灭亡。辽人把黄鼠视为美味，以羊乳饲之。主食豆包和饺子，副食也不是纯粹的副食，是一种白肉血肠，以动物肥肉和血为主要原料，加上荞面综合配制而成。我曾赞美过蒙古人的饮食，他们吃饭素有"白食"、"红食"两种，"白食"是指用奶为原料做成的各种各样的食品，蒙古语称"查干伊得"，表示圣洁、纯净的食品；"红食"是指以肉类为原料制成的风味各异的食品，蒙古语称"乌兰伊得"。由于农业的不发达，蒙古族人世世代代都养成了饮奶食肉的习惯。在建平的黑水走访城池，早起吃饭时主人便给上了一道"风干牛肉"，目的是让我们这些汉人尝鲜和尝试，果不其然，在然后的工作中，我们过午不饿，力气倍增。

蒙古族人有着独特的饮食方式和食品制作工艺，在内蒙出差工作的时候就有所领略，不仅美味，而且营养丰富。鲁明善《农桑衣食撮要》记载了蒙古人的造酪方法："奶子半勺，锅内炒过后，倾余奶熬十沸，盛于罐中，候温，用旧酪少许，于奶子内搅匀，以纸封罐口，冬月暖处，夏月凉处顿放则成酪。"如果"将好酪于锅内，慢火熬，令稠，去其清水，摊于板上，晒成小块，候极干，收贮"，就制成了干酪。程义《牛酥》中有描写酥、酪的诗句："牛酥真弄品，牛乳细烹熬。坚滑黄凝蜡，冲融白泻膏。"

而盛装美味的器皿被称为辽三彩，在器物造型、装饰艺术、烧制工艺上都具有浓郁的北方民族风格。釉色一般以黄、白、绿三色为主，其实它们来源于自然的变化——草原春天的绿色，秋天一片金黄，冬天则是冰天雪地，都是些南方人没有觉悟的色彩。民间使用最多的粗瓷以创新的砂圈叠烧工艺烧制，形成器物内底一圈无釉，这是辽瓷最大的特点，也是最有特色的地方。辽瓷虽然不如宋瓷形制精细，不如唐三彩色彩丰富，但它有自己粗犷独特的风格，一样的适用好用好看耐看。

在辽地，农业经济与游牧经济各安其道，并行发展，形成了辽代非常独特的复合型土地利用方式。辽代帝王亲自带领的四时捺钵制度一直相沿不废。所谓捺钵，即行营的意思。捺钵制度，实际上是一种游牧制度，就是在一年的时间，随着季节的变化，不断改变居住和放牧的地点，逐水草而居，当然也有捺钵时相中的姑娘跟入宫中，成为新的妃子和宠幸。

我现在所居住的城市区域包含着如城池一样的若干系统景观，这些系统景观形成了一个个景观单元，并在空间相互配合形成一定的结构，构成空间格局，割裂成不同时期不同形式的但又有着无限关联的层面，我们就在这个层面上不断演化人文状态和社会状态。燕、汉还有许多历史时期我们所处边缘，三燕、辽我们所处中心，但不论地处中心还是身处边缘，许多东西都有它的重合性。如果你仔细地想，我们确有纳兰性德的"冷处偏佳，别有根芽，不是人间富贵花"的局面，"冷处"的我们真的有一种"偏佳"的美丽，其意义在于它在经济、政治和社会方面比腹地更占有优势，从而将区域按一定的层次和规模等级关系组织起来，使核心区与边缘地带互动。城，是人类文明的标志，也是地球表层人类活动最频繁的地方，"城市是历史上形成的以非农业活动为主体的高度聚集的人口、经济、政治、文化的社会物质系统"（周一星）。古代社会的城市可能并不完全符合现代城市的判识标准，可是至少在某一方面成为一个区域内的核心。地理环境对人类社会的发展有很强的制约性，人类始终在保持生存发展与社会完善中寻找适应自然环境的最佳途径。同时，人类也在适应环境的过程中不断地改变着自然环境和人类自身。中国城市的地域结构特征是城市文明在中国历史发展过程中适应中国社会政治、经济和文化的种种需要，并且在自然地理环境和人文环境双重影响下的塑造。

我不知道我这次关于城池的旅行是否徒劳，通过行走最大的收获就是对苍凉产生了一种亲近，荒草、废井、土夯，其实有兴致的人不少，被我勾起兴趣的人越来越多，有了心灵的照应，行走不寂寞，何况相伴的还有文化的历程，是它在一定的层面上展示了文化巨大的潜能和力量。我们的"文化是社会和人在历史上一定的发展水平，它表现为人们进行生活和活动的种种类型和形式，以及人们所创造的物质和精神财富。"这是广义上对文化的断定。狭义的文化仅指"人们的精神生活领域。"我相信当年生活在城池里的人们也一定有着自己生活的精神世界。美国人类学家克罗伯和克拉克洪在1952年的《文化：概念的批判考察》对文化进行了定义："由外显的和内隐的行为模式构成，这种行为通过象征符号而获致和传递，文化代表了人类群体的显著成就，包括它们在人工造物中的体现：文化的核心部分是传统的即历史的获致和选择的观念，尤其是它们所带来的价值，文化体系在一方面可以看作是活动的产物，另一方面则是进一步活动的决定因素。"我们的城池这种文化建设也是一种历程，和其他与社会发展有关的历程一样，在城市发展史上起着至关重要的作用，是它在提示着我们：中国人在建筑中的诗一般的壮美融合了人与自然，形成了任何其他文化不可企及的整体和谐的建筑形式。

分析我所看到过的城池，都是方形、长方形、铲形，其实大概是从周朝开始的"营国"思想的充分显现，中国的所有城池都被规划成矩形形状，与罗马的城堡相似，城内东西向和南北向的大街成直角相交。从城池到城市，直到今天，中国城市的主要形状还是方形或矩形，当然也有许多例外。几乎所有的城池在城墙内都留下充足的空间，用来作为后花园甚至农场的用地。在中国城池中，有时会存在大量人口密集地聚居在一小块区域的情况。通常，建造者们不采取多层建筑方案，而是不断用墙将不同家庭的居所分隔开来，这样一来，甚至连富裕家庭的空间都显得十分局促。但是在每一家的庭院中，虽然小，却都摆了盆栽的花木或小树，使之成为花园式的庭院。中国城市与西方文艺复兴时期的城市之间差别明显，后者以一座重要的单体建筑为中心向外扩散。中国的理念要整体化得多，也更复杂，因为在一个建筑群中会有几百幢建筑物，连宫殿自身也是带有街道和防卫墙的整个城市的更大组织的一部分。

　　走城池，我还看到了朝阳的城池都是用土夯的形式，而不用其他如石头这类的建筑材料，也许答案存在于中国和中国其他地方和西方的文化差异中，社会结构和经济制度也是影响它的一个方面。

　　从城池的遗迹处回来，我眼中的城池已经连成了一片，它随着时间的推移，由远及近，历史的波折尽显，从而有了节奏，亦可喻为长城烽烟与炊烟，从绘画美学上有一种理论："远欲其平，当以烟之。"这是旧谱论山所说，我用它比喻成城池之上缥缈的烟尘，也把它阅读成一幅画面，一个美学意义上的至理名言。

　　还有一个疑问，或者说是一个兴趣，让我继续在废墟上行走，满身灰尘，一路饥渴。我感谢我生活着的城市，她遍布着遗迹，演绎着历史，就是在乡村，标记着历史的遗迹也普遍存在。在田野中，只要你的犁杖在走，走着走着就会有石器碰撞你的犁，古老的砍砸器俯拾即是。农人把它捡回家，媳妇们腌制咸菜时随手就把那块石头压在了小菜之上，朝阳的小菜便有了浓郁的文化气息。而今天看到的立在玉米地间的古城墙就随它们的本质——固守，农人也就不去碰它，省心省力，更何况国家还要保护，时常还有戴眼镜的知识分子模样的人来东瞧西看，给农人枯燥的生活增添一些风景和见识、乐趣和神秘。方形的城池也类似于中国人的思维方式，中规中矩，因为有了它的存在，就像有了自己的家园，安全坦然温馨，它是直立在大地上的一种标志一种符号，更是一种灵魂，具备着说明、印证的功能。

长城·生命的无端伸延

"我为生活疲惫得要命/从那里我什么也不接受/但我爱着我贫穷的土地/因为我没见过它另外的样子/在荒僻的花园中/我荡着简陋的秋千/在浓雾的呓语中/想起那高大黝黑的松树"这段著名的俄罗斯田园诗句，里面夹裹着些许的乡愁，为我们营造出了一种意境：尽管故乡荒凉和贫瘠，可我们对她依然充满渴望和景仰。这种意境同时也为我们宣泄了那份对故乡的与生俱来的炽烈情怀。如今，在我脑海的映像里却不是一株株松树，而是一段段的，似乎衔接着的，却又断断续续的记忆。这段记忆有关长城，有关一条蜿蜒在辽宁省朝阳市所属周边县市的古老的长城。

当代版的朝阳地域并不大，东西跨度165公里，南北跨度216公里，边界周长980公里。就凭借我的脚力，再加上那些长相各异的机械坐骑，走遍朝阳并不是一件难事。可谁知尽管使出全部的力气，我的身心却怎么也走不出这片土地了。这片土地滚烫，它让我行走的灵感火光冲天；这片土地真诚，它不辽阔却绝不狭隘，它不深远却绝不浅显。它让我似乎刚一迈左脚，就踏在了战国时期燕国的地界，再一迈右脚又踩上了汉朝的疆土。就这样我左一脚右一脚地轮番地行进，三国两晋南北朝隋唐宋元明清一路掠过，几千年的路程被我三五日走完。

在隶属于朝阳长城的边缘地带，我停下脚步，坐在心灵深处的石头上歇息，思路悠远而绵长，暖暖团聚，依依离别，似乎在年轮里没有始点也没有终点。而梦牵魂绕的故乡长城，它没有万里关隘万里长，它短短的一截，向故乡彰显出它高贵身份的权杖，这万里长城中的一小段，每一次面对它，都让我以痴迷的姿态审视它的一切：刀光剑影闪，鼓角争鸣稠，金戈铁马急，大漠孤烟直。

无意探求中国整个长城的始末，却有意追踪这段横亘辽西丘陵、穿越朝阳时空的故乡长城。它是教训的，启迪的，久远的，苍茫的，具有"人在高处，路上有惊恐，蚱蜢将成为负担，送葬的人正在回家"的天怜情状；它是符号的，滞后的，凌乱的，铺张的，具有"惊悚死亡的原始苍凉和顿悟生命之将息"的悲怆意味。如今散落在山脊上的石子没棱没角也不圆润，曾经的长城已经摊成薄薄的一层，像骨刺裸呈，被历经千年的岁月食尽血肉尽现苍白。莽莽千里从战国历经各朝代一直修到清并沿至现代，这千年的距离，正是长城的形状，让我断断续续地用毅力用思索走完了它。当代人的生活与思考都变得快节奏了，我这次走长城的举动注定不符合某些时尚人的口味，在他们看来这是一场没有效益的徒劳，或许还有空蒙和无聊，不过他们尽可以对长城一笑了之，对我一笑了之，但他们最终会在某一天重拾我的步频，倾听一种真刀真枪决斗千载的马嘶人嚎。

燕却东胡

朝阳从地理上来讲，现在的范围在战国时代是燕的领地，处北方戎狄间。燕曾因国势弱小而不被各诸侯国重视，齐恒公曾救燕伐山戎。晋在当时可以说是强国，攻灭赤戎白戎，使燕受到山戎威胁逐渐减弱，所以燕在北方逐渐强大起来。齐国在燕的南部，晋国在燕的西部，燕国在别人为其扫清外围后凸显。燕国的都城在蓟，也就是今天的北京，还有下都在今河北的易县。燕昭王时

建平县烧锅营子乡二龙山燕长城遗址

（公元前311年～前279年），东胡族曾一度打败燕国，掠夺了燕国的大量土地和财物，还逼燕国大将秦开到东胡做人质。为了洗刷这一耻辱，打败东胡，秦开在东胡期间，留心观察东胡地区的地理环境，了解东胡各方面情况。几年后，秦开回到燕国，昭王遂令秦开率军攻打东胡。有准备之仗必胜，燕迫使东胡退却1000多里。燕又招募贤士乐毅，出兵破齐，最后燕成为北方强国。燕的这一举措明显看出：外敌强大时共同对外，发展自己，文化同根，习俗同茎，但侵犯利益不行，犯规就要兼并。那时燕的疆域东北有辽东与朝鲜为邻，北筑长城与东胡、林胡、楼烦为界，西有云中、九原，与赵为邻，南境筑长城与齐为界。燕离秦远，受战祸缓，有余力开拓辽河流域，奠定了古代中国

148

建平县烧锅营子乡二龙山燕长城
"雷电"刻石

东北方的疆域。这些充分说明各诸侯国或一个大的部族，为了实现本统治区域的安全防卫，防止大规模军事进袭，在本统治区边缘，预先构筑以墙体和关堡相结合的连绵不断的线式防御工程。一是利用天险作为屏障；二是在长城沿线的河口山隘及交通要道建筑城堡，驻兵守卫。这两种情形在建平县老官地乡黄杖子、热水乡巴达营子、烧锅营子乡下霍地等村附近的山顶、山坡及河流附近的开阔地均可明显看到。长城是一个多义的综合象征体，因而对长城的定义众说纷纭，我这里引用《长城文化》中吉人、孔令铜的《论长城的界定》一文中的说法："长城是在冷兵器和冷兵器与火器并用时代，为了实施统治区域整体的安全防卫需要，针对相对固定的作战对象，按照统一的战略，预先以人工筑城方式，利用有利和险要地形，加强与改造既定的战场，而形成的一种长墙与险关要堡相连，绵亘数百里、数千里甚至上万里，点阵结合、纵深梯次配备的巨型坚固的永备设防体系。"辽宁大地上大规模修筑的长城从燕国开始。燕是大国，也是一个历史悠久的诸侯国。燕长城的修筑，是东北地区开发史上的一个新的里程碑。

燕长城分南北两道，两道长城相距50公里左右。南长城较早。南长城也称内线长城，建平的长城就属内线，西起河北省西部太行山下，经易县、徐水、安新，东到文安县西境。这段内线长城，在公元前311年燕昭王即位之前就有了，我走的燕长城在我的家乡朝阳建平。那时正是2005年的春节前夕，真正的寒冬腊月，也真正地领略了"边塞"的寒冷。为了防止东胡族侵逼，燕国的北部长城西起造阳（今河北独石口至滦河源一带）至襄平。襄平，即今辽宁省辽阳市。沿长城置上谷、渔阳、右北平、辽西、辽东诸郡。建平燕长城自河北省进入内蒙古赤峰县美丽河乡黑山头北梁跨过老哈河进入建平县热水乡下湾子屯，经老官地乡、黑水镇，东折入烧锅营子，翻过蛤蟆沟梁进北二十家子镇境，越崩河，沿王苏地、李家水泉前梁，通过九百步大荒入内蒙古敖汉旗境，又东行再进入辽宁省北票市北部至阜新县西北的大五家子乡西营子村。长城在建平境内80公里，在北票境内30公里。是燕国在广阔的统治区域内实施整体安全布控的绵延和扩展。建平境内燕长城的修筑方法分土筑和石筑两种。土筑为夯土板筑城墙，主要是在平地上，就地挖壕取土，在沟壕南侧垫土起墙，夹板夯筑。老官地乡羊草沟处的壕墙，就是这种结构。土墙虽经风雨剥蚀，大部分墙体坍塌、沟壕被浮土填满淤平，但由于墙体形成黑褐色土壤，所以看上去依然像一条黑色长带逶迤于漫丘缓坡之上。石筑城墙，建于山脊和山坡上，基宽一般为2.2～2.5米，残高0.2～1.5米。今天朝阳市建平县最北部的烧锅营子一带的长城就是这种结构，但也不过是整体中的一小段而已。

山高风急，吹不散蛤蟆沟化匠山顶战国长城的烽烟，这段长城早在2004年就被朝阳市人民政府立碑确定为全国重点文物保护单位。它从这座山走来又走到另一座山，一路整整齐齐规规矩矩，就是在山的折角处也是一丝不苟地拐上个直角弯，不给人随便与马虎的印迹。

上山前喝了老辣老辣的烧酒为的是抵御山风的侵袭。当时的汉人与东胡人也爱用这种酒温暖身心吗？墙边有一株沧桑的老树突兀地伸出枝杈，那枝杈上还悬挂着一轮弯月，这番景致就是王昌龄笔下对"高高秋月挂长城"的绝妙写照。苍的天白的月兀的枝，再加上幽远的筝声，不用说这幅画面就是声情并茂的战国图，只是它发生的地点不同，却还在同一条直线上。

"风萧萧兮易水寒，壮士一去兮不复还。"荆轲的《易水歌》说的是战国时著名的刺客荆轲渡易水、赴秦都，为燕太子丹刺秦王临行前所唱的诀别歌。当时正值天寒地冻，严冬肃杀，燕子丹与宾客"皆白衣冠以送之。至易水之上，祭祖，取道，高渐离击筑，荆轲和而歌，为变徵之声，士皆涕泣。""图穷而匕首见"，是又一幅壮烈感怀的图画，还只是它发生的地点不同，却也还在一条直线上。

强大与安定注定战胜弱小与动乱，这是历史规律，弱小不甘灭亡，燕文侯支持合纵，从燕到楚，南北合成一条直线，共同反抗西方的秦国。《韩非子·五蠹篇》说："纵者，合众弱以攻一强也；而横者，事一强以攻众弱也。"公元前222年，秦灭燕。随后其他六国全部灭亡开始成为统一的大帝国。秦朝疆域东至海，南至五岭，自西北临洮起大体循秦、赵、燕旧长城至东北辽东止，秦统一后，平掉了内部阻碍交流的各国长城，毁内城减少割据称雄的凭借；加固边界长城，筑外城划定边线。长城与宫殿和坟墓同等重要，是统治者安定生活安心理政安然入土的三大步骤，同时表现着劳动人民的聪明才智和巨大的创造力，是世界奇迹。在秦始皇焚书坑儒的"壮举"中，修4年长城也是对私自藏书者的一种惩罚。但不管怎样，它实际确定了当时中国的疆域，疆域内的居民基本上为汉族，以外为夷。秦以后的中国就在这个基础上逐渐向外扩展。

在建平县还有两处地方引起了我的关注，一是小五家子战国城，位于建平北二十家子镇小五家村北，方形，边长220米，残墙墙基宽8米，高2～3米。南墙中部设门，东门侧有土台。南与西两面城墙保存较完好，呈鱼脊形土岗。另一处是达拉甲战国城，位于老官地乡达拉甲村南0.5公里处。长方形，东西长340米，南北宽170米，城墙呈鱼脊状，基宽5米，高2.5～4米，这两处是长城点上的防御城堡，必要时可驻守兵士万余人，且点线结合，最适合古代诸侯国组织国土防御的整体安全需要。

从这个山脊到那个山脊，石头一块紧挨着一块成线状铺在山脊上，逶迤成姑娘肩上的辫子，虽松松散散却极有规则。姑娘走路一摇一晃的，从这个山头转至那个山头，辫子在她身后甩来甩去，游游荡荡地飘着。姑娘的辫子是迷人的，像乡下的小芳或邻家二丫的辫子。可是细细看来，这根长在山脊上的辫子却并不迷人，里面藏着一种亘古的迷惑，迷惑着世上不可或缺的战争，有时人们还把残酷的东西比喻成最美妙的事物。我所驻足的小山，透溢着一股久远的气息，这种气息慢慢地侵蚀着我，我看见这里不只是土堆与石块，还有整座山脉，山脉上的堡垒，堡垒中的墙与垛，墙与垛上的野性花草，它们都和历史联系在一起了。一边是征战，一边是安宁，征战为生存，安宁是为了更好地生存，总之是为一个活字。是由于连年的战乱恐惧死亡？还是进而恐惧灭绝或者向往延长生命以改变命运？战国时燕齐一代始有方士，方士炼丹求长生，也就是仙术，有术但没有学说，不管怎么说，人从来都想长生不老，安稳生活。燕产鱼、盐和粟，当时的燕人，是否通过鱼骨形的联想把长城上的城墙和城堡设置成鱼脊状？兵士们每天行军或守卫，他们的布袋里是否都装有赖以生存的盐？还有在没有了燕麦的时候，他们充饥的可是粟？我不知道当时的情形，有的只是我超越了2000多年的想象。再说燕国都城蓟，就是今天的北京，实事求是地说就是今天我们辽西人最早的家。它是当时北方的商业化大城市，和边塞外乌丸、夫余、朝鲜、真番等族进行贸易，用自己的特产换回别人的特产，与人方便与己方便。这种经过战争和文化、贸易上的交流碰撞，其中一部分人并入华族，而绝大部分人则退到长城以外。北起秦、赵、燕三国长城，南至旧吴、越海滨，大体属于华夏文化根系，也就是居住在广大境域内2000万左右的人口，文化上是共同的，心理诉求是共同的。后来国家的统一，诸侯国间为防止侵扰而修筑的长城阻碍了交流与发展，拆毁亦是必然。而因燕为边缘，拆留无意，得以保存，成为我们今天可以勘察的资本，这也就是燕国的长城只在我们朝阳地区出现并还存在现今的理由。

汉却匈奴

汉朝，在中国历史上堪称第一个强盛朝代，它的外部强盛与内地富丰和边防强固密不可分。边防的第一防便是长城，但如果国家内部腐坏，国势渐微，那么这个第一防也便形同虚设，失去应有的作用。如果你仔细想想，或许能想通这样一个问题：在秦末农民起义的浪潮中诞生的西汉封建王朝，由于连年征战，国力贫弱，连皇帝都找不到清一色拉车的马，丞相坐牛车上朝议事的情形存在了相当长的一段时间。信息传递的速度也印证了当时交通工具的迟缓，人们始终用脚丈量脚下土地及心中欲征服的土地上的同类，还有庄稼以及中原一切先进的东西。但在他们当中最快的交通工具无外乎铁骑，时刻不离铁骑的还是那些国家外围的少数民族，而中原最好的交通工具就是马车。这就需要有一线阻碍，还有那时的马在游牧民族中还是一种工具，一旦到了中原则变成了一种游戏，而阻挡马前行的还有一道障碍，这种障碍无外乎就是防御设施的这道围墙，设想用一道围墙来阻挡对先进文化的向往，结果会是怎样。不过也不仅仅是向往，还有掠夺、杀戮、狎侮、摧毁与破坏伴随左右，向往变成了仇视与野蛮。凭单纯的武力战胜强大的文化，面对历史和现实，你必须承认有时单纯的力量战胜了固执的智慧，那时的智慧也就不再称为智慧，比如坚硬的兽皮要比婉约的丝绸结实得多，既然丝绸不堪重负，那与它相关的技巧与工艺注定会成为它的负累。

体魄健壮的匈奴趁中原之衰微集结兵马，不断举兵南下，抄掠汉边，对西汉王朝北部造成重大威

建平县奎德素乡汉长城遗址

153

胁。我们再看汉长城的构成，它由墩台、沟壕、城堡三部分组成。墩台循河岸、傍山谷、踞高岗，凭险布列，其间距远近不一，依地势而定。建于山岭之上的墩台因能凭高远眺，故一般两台间距为1.5～2公里之遥；建于地势较低且有掩障之处的墩台，一般两台间距为0.5公里许，有的甚而仅距百米。这样可白天望烟，夜晚观火，及时报警。墩台均以土夯筑，每层厚8～10厘米，现存墩台一般已成圆丘状，高3～5米，底径20～30米。墩台最初的形状是上窄下宽的圆台形，由于长年的风剥雨蚀已经坍塌，沟壕毗连于墩台之间，大部淤平，但尚有遗迹可寻。它从内蒙古宁城县甸子乡跨过老哈河进入建平县八家乡小五家村，翻过哈塘沟北梁入奎德素乡，延至张家营子乡沿海棠河右岸东行，辗转南折进孤山子乡境，经朱碌科镇、喀喇沁镇向东伸向敖汉旗境，在建平县境内长度约70余公里。城堡设在长城沿线险要山口和交通要道上。张家营子城址、榆树林乡卧佛寺城址、三家乡西胡素台村北城子城址等，都是汉长城沿线上的附属城址。在这些城址内外及墩台、沟壕附近，散布着当时遗留下来的残陶碎瓦、五铢钱、铁镢等，有的圆瓦当上还有"安乐未央"的字样。汉长城是防御匈奴的军事设施，现存的这道以诸多墩台为主体的长城，应是汉弃部分疆土予匈奴后重新划定位置修筑的，故在地理位置上较燕长城南移。但无论如何加固，静止的一道墙怎么也挡不住动态追杀着的铁骑。

　　冒顿单于侵入汉国边境，最近处离汉都长安仅350公里。

建平县奎德素乡汉长城遗址

154

公元前200年，汉高帝亲率大军32万人到平城，准备回击匈奴。冒顿单于率骑兵40万围困平城七天七夜，汉兵不战自退。匈奴自此得到鼓励更加强盛，并经常侵入，破坏边境。此时汉无力反击，再加上内部

建平县奎德素乡汉长城墩台遗址

统治不够稳定。于是，刘邦在公元前199年采纳了刘敬提出的建议，决定以宗室女为公主下嫁匈奴单于，且每年送去大量的絮、酒和食物。与单于和亲，这个决定是汉朝的一大耻辱。汉朝到了惠帝时曾两次大规模修筑长城，征发附近600里内男女充役，可每次充役都只有十四万五六千人，说明人口的稀疏萧条和村寨的颓败。公元前33年匈奴呼韩邪单于第三次到长安拜谒汉朝皇帝。提出愿意做汉家女婿，元帝慨然应允。一位容貌超众、仪态大方的宫女应召，她就是王嫱王昭君。她是元帝的宫女，《后汉书》中说："昭君入宫数岁，不得见御，积悲怨"。闻匈奴求婚，"请掖庭令求行"。汉元帝遂将其许配给呼韩邪单于。在昭君出行告别仪式上，人们看到昭君如此年轻貌美，赞不绝口。杜甫就有《咏怀古迹》一诗写昭君："画图省识春风面。"以"春风面"形容昭君的青春美貌。此时的汉元帝也深感相见恨晚，"归来却怪丹青手，入眼平生未曾有；意态由来画不成，当时枉杀毛延寿。"杀了几个毛延寿也难解怜惜之怀，还是存有留在身边之意，但又怕失信于匈奴，等来挨打，于是他怀着深深的眷恋和遗憾送昭君出塞并作《昭君怨》怜她远嫁。从此汉匈两族人民友好往来，"通关市"自由贸易，北方边境出现空前安宁景象。昭君出塞至今2000多年，但她的名字仍铭刻在北方草原和内地人民心中。西汉经过六七十年的休养生息，社会经济逐渐繁荣起来，到汉武帝时达到极盛的阶段。繁荣的经济配合着武帝的才略，西汉中期成为中国历史上第一次大规模的扩展时期。这一次疆域的扩展，并不是不巩固的军事行政的暂

时联合，而是包括了一般地区与中心地区的黄河流域在经济上文化上联系起来，这就为现代中国的广大疆域奠定了初步的基础。

汉武帝进行征战50年，在北方击败了强敌匈奴，在西方在西南在南方夺回了属国，恢复了旧业，消灭了割据，并在对国外文化的交流上更加频繁。自宣帝后，汉边境安宁，人物殷富。匈奴也逐渐接触汉文化，不再侵犯汉边。直到公元12年，王莽主动四处出击，向东征辽西郡境内高句丽兵击匈奴，高句丽侯逃遁后被杀，改高句丽为下句丽，引起高句丽、夫余等诸侯不满，从此边事又起。东汉194～195年，天下大乱，著名学者的女儿蔡文姬也不免被胡人掳去，做了南匈奴左贤王的妻子。12年中生了一男一女，后曹操以金璧赎文姬归汉，改嫁董祀。文姬是我国古代著名女诗人，留存的诗作有《悲愤诗二首》抒写自己的不幸遭遇。《胡笳十八拍》倾吐了她强烈的主观情感："日暮风悲兮边声四起，不知愁心兮说向谁是？原野萧条兮烽戍万里，俗贱老弱兮少壮为美。逐有水草兮安家葺垒，牛羊满野兮聚如蜂蚁。草尽水竭兮羊马皆徙。七拍流恨兮恶居于此。"这是据胡笳的哀声而作，始终唱着蔡氏悲苦的身世和思乡别子的情怀，即使胡人听了也是落泪沾边草，断肠对客归了。

思绪还没有从大漠深处、从长安城下、从昭君和文姬的悲情中收回的时候，建平县奎德素乡到了。此时已过中午，吃了一道当地有名的菜肴——风干牛肉，是沾着椒盐吃的，我细细品味着，咀嚼出了一种抹不掉的大漠风味。汉城边界就在前面不远处。也许我们所说的普通话不够当地的标准，打听路时好多当地人都听不懂。他们还有边界的遗风？好在我们及时调整了口音，终于来到了一个名叫高家洼小村庄的后身。当地人叫这座山为二龙山，那两条土坝叫土龙。孩子在山上奔跑着游戏，间或停下来，看我们这群急走的城里人。土龙的周遭一片松林，偶有人工雕琢的巨石翻倒着，有凸起的山脊，见山脊上有两条平坦的土坝，相隔10米左右，凹处是平坦之地，两边缘也有10米，这样的山脊在30米处有大土墩一座，方圆差不多15米，接着又恢复成了山脊。这就是我亲眼所见的"土龙"了。"土龙"东西走向，北边的那条山脊没有土墩，南边的这条只一座土墩，也叫做墩台，学名烽火台。跟着跑的孩子们对我说："你真不会打听道儿，你说二龙山没有不知道的，你说什么汉长城就没有人知道了。"一个羊倌还告诉我，村头不远处还有一座土墩，是19号烽火台，在建平境内这样的烽火台就有51座。19号烽火台前有坟墓三座，这家的主人把烽火台当成了靠山，有榆树五六株，实在是因枝丫曲折而显得苍老年头十足，但它们都绽着新绿显示着生命力的顽强。当地的百姓每到初一、十五上供燃香，他们的做法有时是祭祀墓中人，更重要的是向烽火台求助风调雨顺，祈祷还愿。这是块风水宝地，不然他们不会栽种树木，不会让已故的亲人永久地在这里居住。羊倌还介绍说，这座烽火台是路过的人你一把土我一把土积少成多聚堆而成的，这种说法显然夸张，与当时统治者抓大批役夫无偿劳动的所为相悖，但百姓的愿望都是美好的，他这样的演绎旨在说明这个地方当时的繁荣，人口的众多，人心的同向。

一段长城，一座墩台，又一段长城，又一座墩台，交替着，像加了标点符号的汉文的行进过程。此时我又把它想象成诗了，分行分段，只能是诗，诗的形式。从汉以前的四言到汉时的五言七言，一直到唐朝鼎盛，诗的形式并不固定，互相间多有穿插。"东临碣石，以观沧海"的曹操；"牙璋辞凤阙，铁骑绕龙城"的杨炯；"白狼河水音书断，丹凤城南秋夜长"的沈诠期。刘长卿的诗十之七八都是五言，被誉为"五言长城"。"柴门闻犬吠，风雪夜归人"是他留下的被后人引用最多的诗句。从表面上看，战争似乎不涉及女性，战争似乎是男性的专利，战争让女人走开，让缠绵走开，可是，走开得了吗？能走得开吗？何况《杨柳枝词》又与柳有关。还有高适："汉家烟尘在东北，汉将辞家破残贼。"最好的语言文字具有视频效果，此时我眼睛里摄录的每一首诗都具备了这种功能，我让它甚至都成为了绘画中的写意，我因此无法拒绝韵律与色彩。

汉武帝挫败匈奴后，又把长城向西延伸至河西走廊西端的阳关，与西域楼兰国相接。此后，北魏、北齐、北周以至隋唐，各朝均对长城有所改建重建，尤其是明代对长城进行了全面的整修改建，形成了今天我们看到的西起嘉峪关、东至山海关，总长约6700公里的坚固雄伟的中华民族的脊梁。

　　朝阳境内的长城和全国其他地方的长城一样，以石筑为多，随山就势，就地取材。现在我们看到的长城多半在山上，所以修筑长城的材料多半是各类质地不同的石头，也就是说，将士多半以石为家，像圣马利诺一座山就是他们的家园一样。但这座石筑的长城却不是他们的家，他们的家在别处，士兵十万守卫他们远处的家，他远处的家中缺少男丁，耕地荒芜，处处空巢。

　　五代内乱后的400余年，以汉族为主体的中国，一直处于被侵侮的地位，守卫成为生存的主题。守卫的将士别妇离子来到长城上。在建平县汉长城遗址前站定，你便会很快察看清晰，将士们在长城的过道上稍稍宽敞的地方喘息，等待战机。这样的地方拿现代的眼光看它太普通了，也许当初很宏伟，我不知别处，也不知过去的样式，反正朝阳的当地人叫它龙，而且一边一条的双龙。中国人就这样，不管它是否高大，不管它是否真的相像，心目中的最好都以最崇高的形象描绘。中国是浪漫的、飘逸的，是情怀不变的国度。尤其在乡间，起名这样的事多半以形象思维为主，他们把两条蜿蜒起伏的地方称之为龙，是土做的就叫做土龙，是石砌的就叫石龙。这边一条龙，不远处的那边又一条龙，二龙的叫法就是自然。更何况在二龙之间筑有类似圆形的墩台，俯视圆形，像一粒珠，理所当然的二龙戏珠了。把最实用的防御工事用最神秘最具有动感的词句描述，是中国式的浪漫。龙是中国的图腾，即使没落了就像贵族骨子里的精神一样不丢，比长城是冷兵器与火兵器时代的产物的说法有质感得多。

　　无论哪个国家的哪个种族，每个人心中都有自己的分寸感和方向感，心向家园是一种很飘逸的说法。那时候的人们似乎方向感更准确更明晰更实在，北人向南，南人向北，南人也不是向北，

158

准确一点说是据守他所居城市的北方边缘；外围向内，里边的人向外，也不是向外，用准确的话说也是据守外围。在总体上北人及外围的人身材强壮，南人和里边的人性格柔弱。看长城给我这样一个启示：越久远的朝代，长城的修建离中心城市越远，换句话说，就是朝代越近长城的修筑离中心城市就越近，外人的危险性就越大。汉代的长城在建平境内，从山根、八家农场，到奎德素、下七家、张家营子、侯家营子、桃吐、小房身，再向里走孤山子、草帽子山、榆树林子，如果说燕长城在建平县的北部，那么汉长城已经到了建平的中部，也就是说汉人随着时间的进程在节节败退，势力范围越来越小，所属领地也越来越小。为巩固疆域所累，从西汉开始或出嫁公主牺牲女色或出让土地萎缩着自己的版图求得与夷人的平衡。

不论体力体格体魄多么强壮剽悍，它也不能征服文化，文化才最具征服力，文化终将战胜一切，所以世人对文化产生向往。战争不是一无是处，它是一种求得平衡的手段，因为战争，产生了一批与战争有关的诗人和诗，具体点说是边塞诗人和边塞诗。在大致相同的语境下，岑参们在唱，纳兰性德们也在唱。在一个天穹下"敕勒川，阴山下，天似穹庐，笼罩四野。天苍苍，野茫茫，风吹草低见牛羊"的辽远景象与"秦时明月汉时关，万里长征人未还。但使龙城飞将在，不教胡马度阴山"的激情与豪迈并存。

长城历来处于某一地域边缘的位置上，起着防御的作用，这也不仅仅是铁骑与冷兵器时代的象征，同时它还具备了复杂的人文情怀，也有分别与永别的悠长意味，这是事物的两面性，是必然的应有，绝不牵强。中国古代有个习俗，就是在友人分别的时候折柳相赠。折柳送别历代都有。唐朝就有词牌"章台柳"，《寄柳氏》为韩翃，是唐时"大历十才子"之一，柳氏是他的姬妾。长安沦陷，韩他去，从此韩柳天各一方，然两情未断，朝暮相忆，发而为词："章台柳，章台柳，颜色青青今在否？纵使长条似旧垂，也应攀折他人手。" 缠绵悱恻，婉转动人。柳氏也作诗

159

答之："杨柳枝，芳菲节。所恨年年赠离别。一叶随风忽报秋，纵使君来岂堪折。"韩在乱时弃柳而去，稍有安顿却想象着柳被他人所攀折，情挚如初看来是不可能了，但更多的还是同情与关切。后来虞侯许俊以计娶柳氏送还给韩，成就了韩柳。词中暗含了当时的那种"折柳赠别"的习俗，具有一层离情别绪的浓重氛围。还有宋代的淡黄柳，是宋人姜夔自制的曲调："空城晓角，吹入垂柳陌。马上单衣寒恻恻。看尽鹅黄嫩绿，都是江南旧相识。正岑寂，明朝又寒食。强携酒、小桥宅，怕梨花落尽成秋色。燕燕飞来，问春何在？唯有池塘自碧。"

　　这仅仅是诗词。唐结束时的五代十国时，汉人看到夷人的强大，似乎也有心思效仿。比如晋汉两国似乎在学"蛮夷"的治国方略，但晋汉两朝仅有的一点文化气息早已丧失殆尽。武夫的蛮横比梁唐两朝尤为突出。晋与汉比，汉更是登峰造极。武夫首领汉高祖性极残酷，所用大臣如苏逢吉、史弘肇等人也极凶恶。汉隐帝时，苏逢吉为宰相，侍卫亲军都指挥使史弘肇统帅禁军，三司使王章专掌财政。有一天，会合饮酒，史弘肇大声说：安定国家，在长枪大剑，用什么毛锥（锥喻作笔，指文官）？王章抗议道：没有毛锥，财赋从哪里来？其实王章也是极其憎恶文官的，但他要文官专为搜刮民财之用，并无别用。钱多兵强是国家急务，至于文章礼乐，算得什么。这些武夫各行其是，一味蛮横，把朝廷弄得一团糟。后来有些统治者知道了自己的毛病，也想学习一些好的制度，但只学了皮毛，只学了掠夺，学不了安邦，学不了技巧。而外夷地虽荒僻，但不失聪明，一眼就看清了汉人的毛病与弱点，便凭借武力冲破长城防线，一再而三地舒张想法侵入中原。

　　夷人游牧没有自己的固定之所，路线基本是逐水草而居，北方的夷人以南方为他们的进攻目标，他们的终极目标是占据中原，而阻挡他们脚步的就是天堑长城。如何冲破？

160

明却匈奴

　　元太祖第二十代孙鄂木布楚琥尔降服后金后，（清）自满套儿（今河北省丰宁县）率部族迁徙至北票境内巴颜和硕（今北票下府）。从此，蒙古族开始在此地繁衍生息。

　　一两匹马儿嘚嘚地，牧童的嘴里呵呵咧咧："月明里，和尚门子打。水底里，树上老鸦坐。"用自己独特的语言统帅着放牧的牛羊，与不同服饰不同语言的人们打着亲切的招呼。有一只小羊看到了这块丰美的嫩草地，脱离了队伍到了别人的地界，也顾不得牧童急切寻找的目光。这时一位背上背着稚儿的善良的妇人，用柔韧的柳条驱赶着小羊，把它送回它的家园，送上的还有用麦面做成的干粮，并告诉牧童，你的那句歌词在汉人这儿应该是："鸟宿池中树，僧敲月下门"。那个牧童听后咯咯地笑着解下皮囊，举着盛满膻味马奶的碗送到背上稚儿的嘴边。夕阳西下，牧童挥鞭，妇人挥柳，告别夕阳，牧童回到穹庐，妇人回到石屋，各自家中升起了炊烟，享受宁静的慰抚。

北票市常河营乡明长城遗址

北票市常河营乡明长城遗址

还是这样的景致，还是那个牧童和那个妇人，还是那只调皮的小羊，不知怎的就变成了一场阴谋，弓箭、铁骑聚拢在一座城市的界边。公元2000年以后的我就在当时城市的边缘，一脚墙里，一脚墙外地站着，尴尬着先人的尴尬，他们做什么都是真的，比如说关爱比如说仇恨。于是汉人加固着长城，完成之后，内心依旧不能傲岸地炫耀中华古国的强大，脸上挂着的却是修过长城之后的疲惫与无奈，惊恐着夷人随时会越过防线突入。

北票的下府与常河营在相同的纬线上。常河营的六家营有天池山，因山顶有水得名，上修有长城，也叫边墙。白台沟、东大山、七道沟山等地均有边墙遗址。常河营的马家营村的大玉山海拔521米，那里西周、春秋、辽金时期出土的文物甚多。进入马家营，路在两山之间，左手边的山就在眼前，右手边的山隔着一片田，那片田随山势起伏着。就在左手边上，一行白色的石头随山势从山底蜿蜒山顶，认定登临，果然不错。就是它。随着山峦的节奏，以线的运动变化形式显现，寓奇险于沉实里，藏变化于齐整中。沿着它，我举足。登上山巅，海拔并不高，但我什么也注意不到了，专注的只是起伏在脚下一层又一层叠起的石头，石头垒叠得也并不高，最高处不过四五层石头而已，宽有2～3米，边缘整齐，人工迹象昭然，左手边上的山与右手边上山的距离至少千米，我也就在山脊上走过千米，然后它又沿着另一座山脊向前延伸，就在这千米的沿线，我数着这里的石头，其实是用心记着它的形状，数是数不过来的。它历经千载，一年给它一个姿态，一场风雨给它一次冲刷，所以呈现着的都是千姿百态，把哪块石头拿回家都是一块上好的盆景。也难怪一文友拣到了两块上水石，一文友还发现了如刻

162

字迹的"字"石，嚷嚷着："这字迹看上去不是契丹的小字就是契丹的大字，还没准把这段长城向前延伸到了辽代呢。"石上的字迹虽然不是凡人所懂，但却是岁月的痕迹，形同人造。

迎着山风，心一阵又一阵地紧缩，虽然时有来自漠北的寒冷，但那可是在骄阳五月呀。看来寒冷并不全归因于天气，全凭自己当时的心情。我漫步在山脊，步步踩石头，那是长城的石头啊。风雨的侵蚀，它有些奇形怪状，哪一块我都想用手抚摸，寻找古代的蛛丝马迹，而我才疏学浅，认识的只有现代文字，我认识的字在石头上一个也没有，不管是汉文还是契丹文、匈奴文、朝鲜文、满文或是其他的什么文字，但我依旧瞪大干涩的双眼，眼睛里便有了无限的岁月在蔓延，特别辽阔一望无际，空旷得没有尽头，更没有什么可以阻挡我的想象。山上有风飒飒吹过，只有一种花——雪花幻化着，在古老而崭新的天空绽放。簇簇丁香在邻近的山巅招展，引起无数的悬念，有一只鹰在空中掠过，留下一两声鸣叫，是号角，由远及近响彻耳畔。望眼山脚下，平坦处还设有墩台，因年代关系，老百姓就叫它老墩台。是因为老？还是因为这里当年曾经发生的故事，在它向东处，常年设有祭坛，上有时鲜果品，藏香缭绕，是在祭奠刚刚远去的亲人？还是祭奠苍莽无垠的岁月？老百姓最懂敬畏，他们做许多事情都没有理论依据，但他们有着自己实在的需求，难道朴素的需求还要一种理由吗？

站在北票常河营乡明长城的烽火台上，青砖在墩脚裸露着，发出幽幽的光芒。从曦微的光中，我想到了眼睛和耳朵这两个在人体上的至重器官，此刻它依然是长城的岗哨和卫兵。我还想到了明将戚继光的《练兵实纪》："凡无空心敌台之处，即以原墩充之"，"相约一两里，梆鼓相闻为一墩"。他还说：

作者实地考察明长城遗址

163

"凡遇贼马所向之处，该墩举烽，左右分传，让蓟镇边墙延袤曲折两千里，不过三个时辰可遍"。在山上修长城材料大都用石料顺山势盘腾于陡峭的山峦脊背，而在河边修长城主要的方式是挖沟植柳，这样的长城又称为柳条边。明正统年间，兀良哈部和明经常进行争夺疆土的斗争，明朝采纳了辽东指挥使毕恭的建议，从正统7年开始陆续修了辽西一带的边墙，也称之西墙，也就是长城，以防兀良哈部的侵袭。明边墙大部分是土筑造的土墙，有的段则用石砌墙或木建墙，也有的用砖筑墙，还有利用天然山脉部分劈山为墙。明朝将长城的修建推向了极致，明长城成为中国长城的典范之作，它也是建筑学上的典范。虽说我国历史上有20多个朝代修筑过长城，累计长度达到了10万里以上，但将明"长城的砖石、土方来修一道厚1米，高5米的墙，则可绕地球3～4周。"可谓长矣！

　　说到柳条边所用材料的柳，我又想起明代还有一个关于柳的千古绝唱。钱柳，以诗证缘，惊世骇俗，情重墨淡。60多岁的钱谦益爱二十几岁的柳如是那自由自在的天性，"忆得年年柳如是，别传从来心写成"的真实。钱谦益官虽做到了崇祯礼部侍郎，是个大学问家，但从气节方面考量并不能与妓女出身的柳如是相提并论。明亡时，如是劝钱自杀殉明，可终身追求爱情的钱谦益却不敢终身追随他的国家，清兵入关，他声言效法屈原，可从日上三竿到日落西山他伸出手探了探水："水太凉了。"他为自己的苟活寻找了一个太可笑太弱智的理由。他的偷生让时人看不起更让乾隆看不起："平生谈节义，两姓事君王，进退都无据，文章哪有光？真堪覆酒瓮，屡见咏香囊，末路逃禅去，原是孟八郎。"直到1664年死去。柳如是到底是个刚烈女子，随着她的爱情消亡做了："欲向此中为阁道，与君坐卧领芳华"的了结，钱死后不久自缢而亡。"此去柳花如梦里，向来烟月是愁端。"如是爱她的家，惆怅的是她的家园，姻缘仅附在表面，沉重的暗线却标志着在明清时期改朝换代的大历史与一个人个体生命的性格冲突中。

164

明代的仇英是个大画家，明代四家之一。临摹过《清明上河图》，色彩艳丽，笔画工细，青绿巧整。我在2005年的初春在沈阳辽宁省博物馆看到过。他还作有《明妃出塞图》，说的是西汉人昭君出塞的故事，昭君后避文王司马昭讳改称明君。关于昭君出塞的故事西晋石崇有《王明君辞》，南朝江淹《恨赋》有昭君专节，唐人李白、杜甫、白居易等也都有诗篇，宋相王安石作有更透彻的《明妃曲》，其一中第一句便是："明妃初出汉宫时，泪湿春风鬓角垂。""家人万里传消息，好在毡城莫相忆。"不知明妃出塞途径能否绕路登临我故乡的长城？这只是我今天美丽的幻想，不同现实。昭君故事是离别，虽没有折柳记载，但与长城有暗地里的关联。我还读过民国时朝阳诗人周召棠《谒明妃墓二首》其一："欲把悲歌换赞歌，未知史吏意如何？风沙铁骑频攻占，鬟鬓丹姝立止戈。黑水停留兵将血，青冢暂志汉番和。通亲未必真愚懦，胜过王师几许多。"其二："鼙鼓频频画角急，单于屡指汉关西，明妃独骑辞家园，弱女堪当百万师。"西汉后，几乎历朝历代有太多的诗人词人文学家不厌其烦地叙说昭君出塞之事，说明这一行走对西汉以后中原与少数民族关系在观念上的巨大影响。我之所以对我们朝阳的这段长城感兴趣，一是因为所发生的事是故乡事，有亲切感；二是关于长城的种种说法，有悬疑；三是朝阳在历史上具有让人倾醉的丰厚资质，有自豪感。

北票市常河营乡明长城遗址

清柳条边

　　还是继续让我们说关于柳的故事。朝阳从汉时便称为柳城了，有明确的纪年。在民间关于柳的传说要比这早得多。很古的时候大凌河叫做白狼河，夏季雨水充沛，河两岸的村落常常被淹没。穷苦的人只好躲到最高处——龙山避难。一年白狼河水又发了脾气，躲在龙山上的人们看到自己的房屋倒塌、牲畜淹死、农具冲走，心里十分难过，但也没有解决问题的办法，只好眼睁睁地看着自己的家园被毁。忽然，一个年轻貌美、身材婀娜的女子骑着一棵柳树飘摇过来。上岸后这个女子与一位老妈妈生活在一起。慢慢地人们知道了女子的名字叫柳翠，家住柳府柳县柳林村，喜欢栽植柳树。她在老妈妈家住下后，天天采集柳树的种子，把房前屋后的空地上种满了柳树。几年以后，绿柳成荫，既阻挡了山洪，又解决了烧柴，还可以盖房子打家具。乡亲们看到栽种柳树直接受益，也效仿着栽种起来。后来，由于植被的繁茂，环境得到了改善，白狼河水不再泛滥，人们犹如生活在天堂之中，就亲切地把柳翠称为"柳姑"。美好的事情也有完结的时候，一天，柳姑对乡亲们说："我本是柳仙，念你们受水灾之苦，只知逃命不知治理，所以下凡植柳造福。如今你们植柳成为自觉，我要返回仙界复命去了。"乡亲们这才恍然大悟，纷纷折下嫩柳条相送，柳姑收了柳条插在脚下，之后飘然而去。送别"折柳枝"曲由此引起，这不过是个传说。折柳还源于佛教，观音菩萨便是以柳枝沾水普渡众生的。折柳还有个习俗，在清明时节，那时百鬼出没寻找替代的人，人们在祭拜众鬼的同时，还要设法防止鬼的侵害。柳有"鬼怖木"之称，具辟邪之功能。因此，人们在清明到来时，插戴柳枝。还有谚语："清明不戴柳，红颜成皓首"；"清明不戴柳，死后变黄狗"；"清明不戴柳，死在黄巢手"。虚假而有趣的故事不少，娱乐着我们的身心。

　　而真实的故事也实在让人感动。自号"湖上农人"的左系湘军统帅左宗棠，是清朝洋务派的地方代表之一，大力经营西北，是发展社会经济的强有力推动者。他戎马生涯，最后死在中法战争中。他挥师西征，收复新疆的爱国壮举，家喻户晓，"左公柳"就是人们纪念他的一种方式。19世纪70年代，英、俄殖民者窥视新疆，扶植外来匪帮阿古柏，企图分裂中国西北边地。1875年，清政府任命左宗棠为钦差大臣，督办新疆军务。左宗棠认为，举并西征，"筹饷难于筹兵，筹粮难于筹饷，筹转运又难于筹粮。"因此，为了能及时转运军粮，保证西征的胜利，在西征途中，命令军民赶修道路，路一修成，又令两旁植柳。植柳一是可以防止山洪暴发，冲毁路面、路基；二是使天堑变通途，怕军队迷途，贻误战机；三是炎夏行军，有柳挡阳，供士兵遮荫之需；四是在浩瀚的戈壁滩里行军，可以柳树做标记。因为种，所以从兰州到乌鲁木齐一路行来一路植柳，这些柳树被后人称为"左公柳"。据说，现在的酒泉公园的古泉旁一棵枝干挺拔、郁郁葱葱的垂柳，就是当年左宗棠亲手所植。他还在他修复的柳湖书院内外，植柳1200株。"昆仑之墟，积雪皑皑，杯酒阳关，马嘶人泣。谁引春风，千里一碧？勿翦勿伐，左侯所植。"后人沿途插上木牌警示。1879年，有甘肃新疆帮办西行，触景生情写下七绝："大将筹边尚未还，湖湘子弟满天山。新栽杨柳三千里，引得春风渡玉关。"这是清朝西北的事。清朝的东北呢，是否也借助了"左公柳"之名，把自己的边界叫成了柳条边？以警示入侵者，边以内是我的家园。

清初，政府为了保护其"祖宗肇迹兴王之所"，防止满族汉化，独占东北经济上的特权利益，皇帝在某日请了几位大臣几位学究，左思右想，才想出了以明长城为边缘修柳条边，同时也以此作为东北几个行政区的分界线，而柳条边是沿袭明时的一种叫法没有多少新意。不管有没有创意，柳条边实际上就是一条标示禁区的篱笆。杨宾在康熙初年察看柳条边之后，写了一本《柳条边纪略》，详细描述了柳条边的位置及状态："今辽东皆插柳条为边，高者三四尺，低者一二尺，若中土之竹篱；

而掘壕于其外，人呼为柳条边，又曰条子边。"其实，柳条边的修筑很简单，工程量与劳动强度也不如过去修筑的长城。是用土堆成宽、高各三尺的土堤，堤是每隔五尺插柳条三株，各株间再用绳子连接条柳枝，即所谓的插柳结绳。土堤的外侧挖掘深八尺、底宽五尺、口宽八尺的边壕，以禁人、畜越过。清柳条边自义县西北九官台门往朝阳境内向西南，经松岭门至新台门，较明边外展60里，北票上园乡的南部仍有柳条边的痕迹。为了安宁，清政府讨平察哈尔王布尔尼兴兵造反后，废其在义州的封地，先后在义州、锦州设管边官员，每个边门各设防御员一人，笔帖式一人，俗称"文武二章京"。在北票的九关台门也设置了防御员一人，笔帖式一人，领催员一人，满、汉八旗兵39人。这样一来，机构庞大，开支耗费。因为有了边墙自然出现了边里边外的说法。还是清的初年，归附清人不少，边里人口增加，旗田不够分配，粮食不足，出现了展边垦荒现象。顺治年间，八旗庄田有的已扩展到边外。到了康熙时期已三次向外展边60里，就是当地老百姓给我讲到的"三展皇边"。他们还给我唱了几句歌谣："关里好，关里好，关里人往关外跑。"这就出现了一个概念上的错误。询问过几个人，因为我不明白，既然关里好，为什么关里的人往关外跑呢？这个问题在今天我整理这篇文章的时候给了自己比较满意的答案：关里"繁荣"却挨饿，关外"荒凉"可生存。

"长亭外，古道边，芳草碧连天。晚风抚柳笛声寒，夕阳山外山。天之崖，地之角，之交半零落，一壶浊酒寄余欢，今宵别梦寒。"弘一大师的诗意呈现出的宏阔与冷漠的景象，我把它理解成一种泛指。

辽阔使我拥有想象的空间，时光如蝴蝶般轻盈一掠而过，即使是再沉再重的日子也必须一分一秒地度过，与快乐与忧伤。快乐和痛苦或延长或缩短，此刻全凭自己的心情。

在一次又一次的冲突中，外夷向中原显示了无比巨大的强势。中原关门过日子的本身就是缺乏创造美好生活的激情。不

168

思进取，得过且过，夜郎自大，是除了汉武大帝、除了武则天、除了唐太宗、除了康熙大帝等几个少数有作为皇帝之外的中国皇帝的通病。而那些将士呢，守住守不住，不是一个忠诚保证得了的，还有体魄和智慧，甚至仅仅是体格。

所有的神在战争中都失去了价值，战神也不例外。从战国时的燕筑长城，之后的历朝历代，一建再建，总长有5万公里，遍及16个省市自治区，目的就是阻挡和保护，而意义只有重复，没有创新。统治者也太不会总结，皇帝吃喝玩乐顾不上，史官们都干什么去了？皇帝、史官、将军都老朽了，老朽只有退让，孱弱才生惧怕。

在中国的环境中不管是地理还是人文，都需要有自卫的精神。战国时代，汉族驱逐戎狄出国境。这时野蛮的匈奴族寇掠边境，破坏农业和牧畜业，成为汉族的大敌，秦赵燕三国各筑长城防御匈奴。燕的守边军当有十余万人，汉时呢？明时呢？清时呢？女人失去丈夫，孩子失去父亲，所以，孟姜女哭倒长城一片，成为泪美人。战争表现出一种"狞砺之美"，这个概念在先秦美学中就产生了，它是否也来源于对长城的思考？来源于长城深厚的精神内涵？然而，长城真的可以让国人骄傲吗？外族让中原恐惧，与自认强大的中心来说是不幸与悲哀。长城阻挡的是见识，存留的是虚无的胜利，真正节节败退的正是一个自诩的泱泱大国，汉人的土地。在此我还是用一个形象的比喻吧：明代的甜白瓷可以碰撞辽代的三彩砚吗？

社会上还有一种观念根深蒂固，就是为什么中华民族现在落后于其他发达的国家，很重要的一个原因就是我们的长城阻碍了与其他各国的经济与文化的交流。有一个事实一些人可能忽略，那就是发达的欧洲也有修筑长城的记录，横贯大不列颠岛的哈得良长墙，罗马帝国侵占英格兰时，为巩固已占领的地区，阻止北方的苏格兰人修建的，这条东起泰恩河上的沃尔森德，西至索尔威湾包奈斯的石墙，完成于公元136年，全长118公里。墙高4.6米，宽2.5米，外用石砌，中填碎石泥土。它的作用同样是阻挡和保护，你能说现代的欧洲不发达吗？看来一个国家的发达与不发达与长城的修不修建没有关系。

鲁迅先生曾就中国的长城写过两百字的散文《长城》，在那里先生阐明了自己的观点："我总觉得周围有长城围绕。这长城的构成材料，是旧有的古砖和补添的新砖。两种东西联为一气造成了城壁，将人们包围"，也便成了人们的牢笼。所以先生呼唤："何时才不给长城添新砖呢？"最发人深思的是，鲁迅在文章结尾处总结了振聋发聩的一句："这伟大而可诅咒的长城！"纵观有关长城的文字，将"伟大"与"可诅咒"这两种完全对立的字眼合在一起加在长城之上，鲁迅是亘古第一人。

北票上园清代柳条边遗址

长城的形状是长长的一条带子，或是长长的一条线，通过想象我看到了桥梁看到了纽带，还有能够挑起两端货物的农民肩上悠悠的扁担，具备了沟通、行走、交流、承担等实用功能，具有联通融合的味道。赵武灵王时，战国时赵国君，名雍。公元前325～前299年在位。他在战争中实行军事改革，脱掉中原的长袍大褂，穿上了游牧民族的服装，便于骑射。吸取外族文化有价值的成分，认识自己，改进自己，从此国势大振，成为中国古代勇于吸取外族文化的典范。在辽代，早在耶律阿保机时就抢掳汉地数州士女到契丹，为的是传播纺织技术，而到了他建国时，便"交易无钱而用布"了。古时的大凌河也叫过灵河，如今朝阳人民的母亲河，在她的沿岸灵、锦、显、霸四州植桑麻，居民无田租，只供蚕织。皇帝以交纳的绫锦赏赐左右大臣。贵族的礼服有锦袍、白绫袍、绛纱袍，纺织技术还有了刻丝和印染丝罗，骑射一族的皮兽装也改变为绫罗绸缎变得精细起来，精细虽好，但精细在某种程度上讲透着软弱与不实在。

长城的本意应是统治者间的抗拒，具体到百姓身上是平常生活的拒绝。再深入细致地思考，仅仅一道长城就能阻挡两边人民的交融么？有些事情非常简单，但当局者迷，最简单的事，往往要经历上千年的路程才明白，而就像现在的有些生意人，赚的不是钱而是面子一样困惑。我的东西为什么你要拿走？你为什么拿人家的东西？有些问题如果坐下来还是可以调和的。你看长城两边，下雨同步，刮风同步，温暖和冷寒同步，日出和日落同步。

　　我走长城那天是穿了一身绿衣衫，朋友说是以春柳嫩芽清香转绿的心情出发的，我给朋友发短信说："柳城柳太守，种柳柳城边。太棒了！"朋友回信："柳城柳装女，爱柳柳不知。还棒嘛？"面对挪揄我无言。我的家乡在朝阳，市树为柳，所以我爱。爱柳是我的事，知不知是她的事。"有心栽花花不发，无意插柳柳成荫"。不管怎么说，在长城上的砖瓦土石历经千年的相守相伴，向往终于变成了今天观瞻的景象：群山为座，蓝天为衬，白云为裳，把绮丽的自然美与人工的建筑美融合在一起，展示出自然与人文相融合的天人合一的境界，这种大地的艺术对焦在摄影家的像框，相聚在作家的笔下，留影在读者的心中，成为一种对时空的祭奠与纪念。现代著名考古学家西里曼在第一次看到中国长城时，发出这样的惊叹：无论是"从爪哇岛火山的高峰上，从加利福尼亚的西拉利瓦达的山顶上，从印度喜马拉雅山的山顶上，从南美洲的哥地来的高原上见到过的宏伟壮丽的景象"，都"永远不能和我现在眼前展开的这幅美丽奇伟的画幅相比拟，我惊讶着，震动着"，"它对于我就像洪水以前巨人族的神话式的创造"，长城的壮丽"超过我想象中的一百倍"。"艳阳高照风轻悠，峰回路转吾自由。落英纷纷香如旧，杨柳依依任阴柔。院小何奈灵气在，寂静无语涛声留。相依相伴不相忘，情深情重忆情稠。" 想过长城看过长城走过长城后，我便把长城当作了一种情感和意志的寄托。它是承担的，负重的，也是美好的，向往的。

　　历史上的万里长城，曾起到过抵御、抗争、稳固的作用。

然而一道长城始终挡不住中原与北方各族人民的友好交往，也挡不住滚滚向前的历史潮流。斯大林给民族下了这样的一个定义："民族是人们在历史上形成的一个有共同语言、共同地域、共同经济生活及有表现于共同文化上的共同心理素质的稳定的共同体。"一道长城也未曾挡住摧毁中原王朝的少数民族兵马：契丹、女真南下，辽、金定都华北；蒙古骑兵风卷欧亚，越过长城进入中原，建立元朝；女真后裔满族精兵踏破山海关，建立清朝。

由此可见，封建王朝设立的长城，留下的只是长城的修筑者——各族人民不朽的功绩、气吞山河的意志和劳动智慧的丰碑。中华民族的长城如此，而我们朝阳人民引以为骄傲的长城呢，尽管它因岁月消磨得有些残缺，断断续续，石头铺在地上也是薄薄的一层，但它们透着沧桑之美，显示出一种纪念碑式的永恒。它清晰着历史，诠释着当代，并把自身的存在由物质文明成功地转型成为精神文明，构成了现在的一种民族融合、融洽的气象。而在今后的生活中，营造和谐，成为中国社会追求的境界，具体到我们每个人，绝对不能丢弃的应该是手中的柳枝，因为她象征着在自然相怡的守望中，心存的那尊美好的姿态。

作者采风中

我的写作资源 （代后记）

　　有过关于朝阳的书写《笔走龙源》之后，我更加确定与坚信，我的写作资源在本土，在这儿，资源是历史上曾经发生过的事情。在《笔走龙源》普遍行走的基础上，在一个行程过后，回过头，我再看我的行走路线，竟有些遗留，却并不遗憾，有些东西是特意所为。面对朝阳这块厚土，作家要说话不能失语，其实这里的作家都在说话，以一种独特的语话方式，我也只不过把历史和现实交织着发出自己的声音，尽管有些微弱，有些不尽如人意，有些因为学养的差异显得不够分量，但我一直朝着既定的目标努力。朝阳是个特别神奇的地方，她太有研究价值，太有写作价值，以至于那段光阴——2004年12月末到2006年的3月末我一直呆在朝阳，除了去营口领取辽宁文学奖的一天，一年多的时间里我没有离开过半步，因为我在思索在寻找，是朝阳给了我创作和获奖的灵感和机会，今后我应该回报给她什么？

　　于是我开始检视我的脚印，于是我豁然开朗。我还是要继续在我的朝阳做进一步的寻访，因为她那里还有许多好东西在原地发光，还没有人对她进行系统的拾取梳理整合，我还想：朝阳这片土地我是走不出去了，我不能走出她的视线的原因是我对她的熟悉和由熟悉产生的热爱。

　　于是我得到了题目。考证了想法之后我有些释然。这才中国的东北、西北、中原地跑了一圈。行走还是有目的的，我的朝阳处于东北，朝阳在东北地位如何？我的朝阳在全国又处在什么位置之上？把她拿到全国去比较，她该是怎样的？于朝阳起始，从边缘回来，坐定书桌，开始搜索关于朝阳的所有影像。她与中国其他地方相比说有实力还谈不上，但绝对够得上有魅力，厚重的文化足以称得上历史名城。

这就是我们的资源，这就是我的写作资源。对这里资源的开发与利用足够我一生的写作素材，可谓"取之不尽，用之不竭。"深入朝阳，思考朝阳。

从历史到现实，一路上我感觉朝阳充满了节奏感，她的律动对写作赋予了语言的顿挫，产生了优美而跳跃的激情。

我怀疑自己把对朝阳的写作变成了思维的一种延续，一走三年一写三年，我生命与创作的最佳期，每天都身在其中不能自拔。面对朝阳不该遗忘，也不能遗忘，不管是时间的渐老还是心理的承受，朝阳给了我巨大的感应和特殊的教诲。朝阳是平民的，许多历史时期处于边缘，是塞外；朝阳还是贵族的，因为在她的脉管里流淌着皇都的血液。我足可以在两极的存在中汲取自己有益的东西。的确，朝阳的遗迹有些古旧，因为她太久远，丧失了一些关于审美关于视角上的观瞻，但她却有着其他地方不具备的研究价值，这是她的底蕴所在，是她独特别处无法比拟的地方，她聚拢了所有关于她的研究人员的目光，那种敬仰流露得一览无遗，毫无保留地把内心的五体投地的钦佩倾泻出来。尤其是我这个以本土为出发点和落脚点的写作者。

我是普通的作家，但对朝阳的感情一刻都没有停止过并时刻感受朝阳大地赐予我的恩泽，不论走到哪儿，都会感觉女神的目光照耀着，大地熠熠生辉。我便在这本大大的书上开始纵深与扩展式的阅读：阅读祖先，阅读智慧，阅读征战与固守，阅读守在村落里的村民们日出而作日落而息的向往美好生活的心情，阅读润泽大地及生灵的风霜雨露。

当然，这本书里还是没有写尽朝阳的所有，还有许多我虽然有了阅读但没有真正领悟的内涵，真的很遗憾，在我，力所不及。

把希望寄托在下次的行走。我相信，只要走，就会有新的发现，就会有新的启示，就会有新的表达。这点依然是朝阳给我的自信。

作 者

2008年12月6日